如果这本书对你有启发

就是它最大的价值

老华

MR.HUA

创业手记（纪念版）

从0到1的『老华』创业思维

华超／著

中国海关出版社有限公司
·北京·

图书在版编目（CIP）数据

MR. HUA 创业手记：纪念版：从 0 到 1 的“老华”创业思维 / 华超著 . —北京：中国海关出版社有限公司，2020. 6

ISBN 978-7-5175-0430-6

Ⅰ. ①M… Ⅱ. ①华… Ⅲ. ①MR. HUA—传记 Ⅳ. ①K825. 38

中国版本图书馆 CIP 数据核字（2020）第 061156 号

MR. HUA 创业手记（纪念版）——从 0 到 1 的“老华”创业思维

MR. HUA CHUANGYE SHOUJI（JINIAN BAN）——CONG 0 DAO 1 DE“LAOHUA” CHUANGYE SIWEI

作　　者：华　超
策划编辑：马　超
责任编辑：郭　坤
责任监制：赵　宇
出版发行：中国海关出版社有限公司
社　　址：北京市朝阳区东四环南路甲 1 号　　邮政编码：100023
网　　址：www. hgcbs. com. cn；www. hgbookvip. com
编 辑 部：01065194242－7585（电话）　　01065194234（传真）
发 行 部：01065194221/4238/4246/5127/5616（电话）　01065194242－7504（传真）
社办书店：01065195616（电话/传真）　　01065195616（邮购电话）
https：//weidian. com/? userid＝319526934
印　　刷：北京鑫益晖印刷有限公司　　经　　销：新华书店
开　　本：710mm×1000mm　1/16
印　　张：17. 5　　字　　数：230 千字
版　　次：2020 年 6 月第 1 版
印　　次：2022 年 7 月第 4 次印刷
书　　号：ISBN　978－7－5175－0430－6
定　　价：69. 00 元

序　一

眼光比蛮干更重要

在外贸书籍品类已经很丰富的今天，我起初着实对华超写书捏了把汗。外贸人员出的书既是对自己工作的小结，又是更深更专的分享。福步论坛上出书的人数应该有一双手了，什么样的内容能再次夺人眼球呢？今天阅读了华超的书稿，说实话，我被吸引了，书中华超讲述了自己的创业经历，和大家分享了他别样的外贸人生，值得外贸人一读。

华超很早就在福步外贸心情专区发帖分享他的创业经历，一开始我没太注意，只是知道有不少粉丝一直在追随他，直至发帖几年以后的今天，我依然还能听到“华粉”的声音，这说明华超分享的东西生命力很强大。前些日子，已经作为福步多年合作伙伴的米课创始人华超希望我能给他的书写几句，我借此良机仔细拜读了一下该作，给我印象最深的有两点。

一是善于挖掘并找到蓝海市场

十多年间国际贸易经过电子商务的催化，已经非常发达。无论你选择做什么都能感觉到竞争已达到白热化的程度，那么怎样才能找到相对的蓝海市场呢？

华超的海外创业经历不失为一种方式。对普通外贸人来说它是很新鲜的，展示了如何摒弃远距离等待，直接杀到小而美的目标市场的经历。这一点，估计许多人想过，只是跨不过各种心理障碍，没有践行。了解了华超的经历或许能给这些人更具体、更可操作的建议。

二是超前的外贸电商实践者

外贸电商现在很火爆，大家或许都注意到几个外贸电商巨头杀得头破血流，而华超最初选择了小而美的电商网站 Trade Me。在电商实践中，他的一些操作手法，在今天依然有一定的可操作性。他在油画品类的外贸电商销售，为依然没日没夜守着几乎零利润的外贸电商从业者们打开了一扇门，那就是走个性化、走更适合老外口味的产品道路会更有竞争力。

同样是创业，马云、刘强东走的高大上道路不一定适合你，也已经没有太多的可模仿性；相反华超小而美的创业道路更接地气，他就在我们身边，给每一个有理想有执行力的外贸人很好的启示。

最后回到如火如荼的外贸在线培训，这个市场依然是“小而美”。相对于在线教育这个大蛋糕来说，外贸行业的在线教育市场容量很小，但华超依然做得风生水起，这再次证明了王健林最近说的那句话，“眼光比蛮干更重要”。最后祝愿华超的外贸在线培训越做越好，为外贸行业贡献更多的正能量！

福步外贸论坛 CEO　顾建飞
2015 年 6 月 23 日

序　二

从 0 到 1

能在这里给 Mr. Hua 的新书操刀写序，实在让我受宠若惊，也深感惶恐。

可以这么说，我期待此书的问世已经很久很久了，犹记当初在福步论坛追 Mr. Hua 帖子、时时等连载的那种激动心情。那时我们还只是神交，我仅仅知道这个牛人作者的 ID 是“鱼骨”，其他一无所知。我也是个后知后觉的人，当初怎么就没有点追星的觉悟呢？否则能让彼此相识的时间提早多年，能让合作的项目多年前就问世，能有更多的想法可以执行。

可一切都只是或许，早，不见得真的早；晚，也未必真的晚。因为这过去的十多年里，大家都在成长，都在自己的领域里绽放光彩。如今的自己，跟十多年前的自己，想必变化巨大，回过头看看十多年来走过的路，或许都会感慨良多。

这里要坦白一下，其实最初我是打算草草写一个封底推荐，或者吹捧几句写个貌似高深的序言的，毕竟过去在帖子里看过 Mr. Hua 的一些经历，平时交流的时候也获取过不少信息，现在还有书的提纲，应该不难写。所以只打算偷偷看看跟我有关的章节，看他究竟说了我多少坏话，还是大言不惭地吹捧了多少，可结果却是一看就放不下了，看了一节又一节，最后索性从头看起，花了六个小时仔细琢磨，看完已经是凌晨四点多。

我不想过多地去渲染 Mr. Hua 有多么厉害，多么成功，事实摆在这里，大家都可以看到。我想说的是，我从中看到的是在他的整个创业轨迹里思路的变化、解决问题的能力，以及碰到麻烦后的巧妙应对，这才是最让我折服的地方。

做任何行业、任何产品，不是一句努力、一句坚持就有用的。很多时候，如果你方向错了、判断错了，坚持往往让自己错得更多。一个产品进入夕阳行列，别人早在辉煌期过后退出，你还在无谓坚持，到最后只能自食恶果，这就是现实。一个行业已经开始变革，你还在用过去的思路经营企业，不去拥抱变化，最后也只能被时代淘汰，这也是现实。

所以我觉得 Mr. Hua 最强的地方是敏锐的嗅觉和灵活的头脑，他总能在困境中想到出路，找到解决问题的办法，一次次化险为夷，扭转局面。卖二手车成功，你可以说是运气；租影碟成功，你也可以说是运气；那做电商卖 MP3 成功、卖油画成功，回国创业在圈内成了一个小小的神话，你还能将其归结为运气吗？

显然不可能，这内在的原因，绝不是三言两语能说得清道得明的。我们常常说，搞项目没钱，创业缺资金，其实这都是给自己找的借口。有没有真的去做呢？有没有尝试去解决呢？钱没有可以融资，可以拆借，可以通过很多途径解决，若以此作为自己无动于衷的借口，那才真的可悲。

Mr. Hua 也不是一开始就资金充裕，也没有投资方的钱可以拿来烧，完全就是从小心翼翼地试水和试错中找准方向，然后迅速出击占领高地。这让我想到史玉柱那句名言：“试销市场快不得，全国市场慢不得”。不管是当初米课的定位，还是后来米课重新出发的新方向，每一步看似简单，却渗透着 Mr. Hua 无数的努力和心血。这些东西，都是从表面上看不到的。

序　二

当初 Mr. Hua 找我合作的时候，其实我看重的并非是这个合作能让我们把项目做得多好，我看重的是这个合伙人够出色、够聪明，这种执行力和大局观，是我在同龄人中从未见到过的，用出类拔萃来形容根本不为过。

跟聪明人打交道，自然无比轻松，因为很多事情不必开口，大家都已经明白，都知道如何磨合，如何避免未来可能发生的问题。他知道我担心什么，我知道他在意什么，所以看似复杂的合作谈判，其实就是五分钟内决定的。听起来很戏剧性、很草率，但人生就是那么奇妙，不是吗？这一路，本就是从 0 到 1 的过程，把不可能变为可能，把不存在的东西变成现实。

这一路，他走过来了。我作为朋友，作为合伙人，作为参与者，很荣幸见证了这一切的变化，见证着他一次次的蜕变，见证了米课一次次给我带来奇迹。或许在未来的某一天，我会蓦然发觉，跟 Mr. Hua 的合作，是我这一辈子最正确的选择，也是最明智的决定。

所以我要在这里，把这本书推荐给所有的读者。不管你是否是米课的学员，不管你是否是 Mr. Hua 的粉丝，我相信，他职业生涯最宝贵阶段的经验和阅历，必然能给你带来一个完全不一样的视角。

若是你仅仅把这本书当成一本简单的自传，或当成一本工作笔记，那我只能用苏轼在《石钟山记》里那句结尾的话来回应你，“盖叹郦元之简，而笑李渤之陋也”。

是为序。

毅　冰

2015 年 6 月 15 日　于香港

纪念版前言

一转眼离《Mr. Hua创业手记》上市已经过去了5年，离最初在福步论坛中连载文章也过去了9年，很高兴一直还有人在购买这本书，海关出版社的马编辑建议对这本书进行再版，之前的版本看起来似乎有点“老”了，这也让我有机会在5年后的今天重读这本书。

要问我回顾这本书最大的感悟是什么？那就是年轻真好！那些奋斗的日子历历在目，第一次发现 Trade Me 商机的彻夜未眠，第一次股市大亏损后的心力交瘁，很多第一次都记录在了这本书里。很多朋友都说我的人生很精彩，大起大落，每一次看似不行的时候却又峰回路转，柳暗花明。对于读者来说这样的故事的确更有乐趣，也更有可读性，可作为当事人，我不想再次经历这种起伏，我也不希望我的读者犯和我同样的错误，毕竟最聪明的办法是从别人的失败里学到经验。痛苦是别人的，收获是自己的，我衷心希望正在读此书的你可以从中收获一些经验，少走一点不必要的弯路。

出版社一直在邀约我写第二本书，的确过去5年又发生了很多更有意思的事情。截至2020年，我的公司发展得还不错。虽然在2018年上半年我们的业绩出现了一点下滑，但我立即投入了大量人力、精力在移动端 App 的开发上，2018年下半年、2019年都收获了不俗的业绩。在投资上，从2014年再次返回股市至今，我的股票保持了6年的平均年化18%左右的收益。2020年3月我还在哔哩哔哩上做了一档《一亿实盘》的视频节目，受到网民追捧。在房产上，2013 年 ~2015 年我投入了大量资金，截至目前也带来了非常丰厚的回报。总之，过去 5 年算是比较顺利的 5 年，我在很多方面的心得都获得了比较大的提升，也期望可以在书中分享给大家。当然如果有可能我希望将新书的上市时间再推迟几年，我更想以 10 年为周期出一本自己的书。这绝不是懒惰，而是这个时间维度可以更好地记录自己的变化。

我特别感谢一直关注我的朋友们，不知不觉也真的积累了不少 10 年“陈粉”。虽然很多人与我素未谋面，但每次看到你们对我说出一些只有对多年的老友才能说出的话，我的内心总是倍感亲切，真的希望几十年后我们还可以这样。

过去 5 年我也有了自己的公众号：老华带你飞。我在这里记录一些生活、投资里的感悟，也期待和新老朋友在这里交流。

Mr. Hua

2020. 4. 1

前　言

2011年的某一天，我突然心血来潮想把自己过往创业的经历记录下来，将来老了可以自娱自乐或者给孩子看看当年父辈是如何打拼的，于是我开始在福步论坛连载自己的创业历程。没想到这一写就是四年时间，更没想到我的帖子会有超过200万的点击量。中国海关出版社的马编辑2013年找到我，希望能把这些内容出版成书，最初我是很犹豫的，毕竟我的这个长帖除了故事内容本身可以看看之外，措辞和文字压根儿达不到出书的水准，可在马编辑长达两年多的联系和鼓励下，我最终答应厚着脸皮出版此书。

这本书可以说是完完整整地记录了我的创业生涯，记录了一个普通人如何在变迁的社会环境下发现机会、创造价值。我希望这本书能给还在奋斗的年轻人一点鼓励和启发，谁没有年轻过，谁没有平庸过呢？我依然记得在国外最艰苦的时候，我和老婆住在一个几平方米的房间里，两人睡一张儿童单人床，后来实在太挤了才买了一张双人床，可房间里只够放下那张床，连桌子都放不下。

最初的创业动机就是为了生存，改变生活状态，2002年那会儿我刚好18岁，不会去考虑什么商业模式、成长性，只要能赚钱的生意我就去做，在那个阶段执行比思考更重要，凭18岁小孩的阅历能思考出什么东西？执行力和不知天高地厚就是年轻人闯出一番天地的核心因素，我很庆幸我当时两者都具备了，所以在别的留学生玩耍的时候，我已经开始倒卖汽车、碟片给他们，甚至做起了二房东，这就是我初入商海做的事情，以倒卖产品来赚取差价，商业中最原始最简单但最有效的模式。

能够生存之后人才会求变，我的第一桶金是 2005 年通过把中国制造的电子产品卖到新西兰获得的。21 岁的时候我抓住了这个机会，赚到了数百万元人民币，那会儿就是 40 多岁的成年人都拿不出这么多现金。于是，我立马轻飘飘有种翻身农奴的错觉，觉得自己无所不能，甚至看不上实业，因而种下祸根。

2006 年股市火热，股神满天飞，我刚入市 2 个月就赚了 100 多万元，这还不是股神吗？我的生意已是暴利，可资本市场更加暴利，年轻气盛的我把所有可以投资的现金全部入市，结果亏损达到 70% 以上，现金全部套住。

股市亏损之后，我所有的资产都无法折现，只剩几套没还完贷款的房子和被套牢的股票。这是一段最黑暗的时光，我深度地检讨自己，内心有些恐惧和彷徨。我知道很多人在这个阶段是很难翻身的，机会不会一直眷顾我，自己赚钱的时代是否过去了？在国内如何从头开始？一切的一切都是未知。幸运的是我调整好了心态，从打工开始，到再次创业，用了 2 年时间恢复了元气，并获得了超额的回报。

2011 年我面临一个重要的选择：一个是留在新西兰稳定地发展下去，但新西兰只有 400 万人口，而其中 10 万人以上都在我这里购买过产品，占新西兰人口总数的 2.5%，这使我陷入生意利润极好但是增长几乎为零的局面；另一个是回国创业，我选择了后者。

经过 3 年多的努力，从最初在我家书房开始创业到现在拥有 600 多平方米 5A 级办公楼，从我一个光杆司令到团队已经超过 30 人，营收从第一年几百万元到如今一年数千万元，我们创造的“米课”品牌逐步深入外贸人的心里。今天我创业的动力不再是生存下去，也不是赚一点儿钱，而是能做成一件听起来还挺酷的事情。

这本书有意思的地方在于我没有隐藏那些导致成功或者失败的细节，我就是一个普通人，我也犯低级错误，我也白日做梦想靠炒股致富，我也勤奋努力，我也敢于抓住机会。在这本书里我原原本本地尽可能细致地还原了当时的场景和想法，如果说这本书里某些文字或者经历能够帮助到某些人，那么这本书的出版也算有点价值。

人的一生有不同的阶段，只有经历了回头看才更具意义，如果你是一个细心的人，在阅读这本书的时候一定要仔细研究故事中的每一个转折点，无论是从成功走向失败，还是从失败走向成功，这个中间的转折点我做错了什么事情，做对了什么事情，只有带着思考去阅读才会有意想不到的收获。

MR. HUA

2015 年 6 月 17 日

目 录

01

新西兰创业初体验

初入异乡

梦回 2001

我始终忘不了那一天，2001 年 1 月 7 日我踏上了上海飞往新西兰的单程飞机，在机场和父亲告别的那一瞬间。我背着大包小包，头也没回地走了进去，不回头不是自己有多坚强，而是传统中国男人固有的表达情感的方式。我相信在我进门的那一瞬间，父亲和我一样，眼角都挂着一滴泪水。在后来的几年里我和周围朋友交流，发现大家都是这么告别的。看来中学时朱自清的《背影》都没白学。

新西兰 = 农村?

图 1－1

坐在飞机上我思考了很多问题，总结成一句话就是要混出点名堂才有脸回去，否则辜负了父亲的期望。飞了快 20 个小时终于到了新西兰，在基督城的上空飞机越飞越低，我探头一看，下面一片农田，一望无际。我顿时恐慌了，我问自己这是什么地方，和我在网上搜索的图片中的基督城不大一样啊，怎么连个楼都没有。我发誓我真的以为自己坐错了飞机，或是被人骗了。

图 1－2

带着一丝丝的不安，我好不容易熬到降落，办完手续后顺利出关。一出门，我焦急地在一堆接机人举着的牌子里寻找自己的名字。突然一个人拍了拍我的肩膀说道："Hey, are you Chris ?"天呀，他老人家终于来接我了，我急忙点头示意，他说："I am Ben，I' m here to pick you up，how ' s your trip?"几句寒暄之后，他把我领出机场。在车上他边走边给我介绍新西兰的风土人情，可是，我听不进去，因为我真的被基督城的蓝天白云、别墅绿化给吸引住了。太美了，简直是人间仙境，路边的白人老太太悠闲地整理着自己的花园，家家户户都是小洋房，尤其是那蓝天白云，让人看着心情就好，真是优哉。

我带着无比兴奋和激动的心情抵达了我的寄宿家庭（Homestay)，这是一个五口之家，典型的新西兰中产阶级家庭，一位离异母亲，三个孩子和一条狗，我不得不把狗也算进去，因为新西兰人真的把狗也当成家庭成员。同时，单亲妈妈在新西兰非常多。我认识一个白人男子结婚四次，他和四个不同的女人有孩子，其中两个女人还是亲戚关系。这种复杂的关系在中国几乎是不可能存在的。

寄宿家庭的妈妈叫 Lisa，是个很和蔼的胖女人，我目测她应该有

图 1－3

100 千克。我们到她家的时候她冲出门来迎接我们，并带着极具亲和力的笑容对我说道，“Hi darling，you must be Chris，welcome to Christchurch”。怎么叫我“darling”啊，那不是“亲爱的”的意思吗？该不是看上我了吧！三个月后我才完全理解原来“darling”在这个国家只是一个普通的称呼。后来，大家聊了会儿天，Lisa 说道，“We gonna have tea very soon”，我想这都几点了，还不吃晚饭，喝什么茶啊？没一会儿她的两个孩子把晚餐端了上来，我问她怎么没茶，她愣了一下，然后笑着告诉我：“Have tea means have dinner。”

后来我翻阅了一些资料，原来英国北部的人都把晚餐说成 tea，很少说 dinner，而新西兰的人绝大多数是英国移民。后来，我无意中看到一个美国人也对这个 tea 很困惑，他在网上写道：

“In New Zealand, people say ‘tea’ quite regularly. They say ‘dinner’ as well.

The first time I heard that expression was when a New Zealander friend asked me whether she could be at my house for tea. I said ‘Yes, sure! what time are you coming over?’ She replied ‘What about 6?’ and I said

图 1-4

‘great’.

When she arrived I have already had my dinner and had only black tea and biscuits prepared for her. Back then I wondered why she ate a lot of biscuits. (she was hungry of course)”

吃饭时，我看着满桌的“tea”震惊了。每人一盘煮熟的绿豆子、胡萝卜，外加一块羊肉。天啊，这就是晚餐吗？只见他们拿着茄汁和盐罐子不停地往上撒。第一天就吃这些，以后的日子……

打工赚生活费

在 Lisa 家住了 3 个月，这 3 个月我最大的收获就是英语水平得到了质的提升。当时我英语最薄弱的部分就是写作，出国前雅思就考了 6 分，于是我利用住在 Lisa 家的机会疯狂练习写作，每天写 2 篇 500 字的雅思作文给她修改。Lisa 非常和蔼，不厌其烦地辅导我，让我的写作从最开始的每行都有几个语法错误，到后来的全篇也不到一两个语法错误。终于我在 2001 年 4 月的雅思考试里获得写作 7 分的好成绩。根据我的个人经验，考雅思作文没什么诀窍，就是练，傻瓜似的练，最终就能拿到好成绩。

这 3 个月里我感受到的最大的文化差异就是新西兰人真是太友善了。每天早上我走在路上，只要有人迎面而来就会和我说“Good day，how's doing"之类的问候，我回答他们这些问题总是显得不自然，有点害羞。于是，我决定要改变这个性格，变得更大方些。

学习稳定后，我开始寻思着打点零工减轻经济负担。那会儿我拿着学生签证也无一技之长，打了好几个电话给饭店、理发室都无人愿意给我提供工作机会。最终我还是在朋友的介绍下找到了一家做泰国菜的饭店做服务生，每天晚上下课后从 18 点做到 23 点，每小时 5 新西兰元（当时 5 新西兰元约合人民币 22.5 元）。这是比当地最低工资还低 45% 的工资，但由于年龄问题，我也没什么讨价还价的余地，好在饭店管晚饭。那会儿工作强度极大，我这 1 米 83 的小伙子体重硬是从**90 千克跌到 75 千克**，当然每天在寄宿家庭吃豆子也为我降低体重做出了贡献。幸运的是，人一瘦就经常被人喊成"帅哥"。

图 1－5

如果说在 Lisa 家解决了我英文写作的问题，那么这段打工生涯彻底提高了我的英语口语水平。地球人都知道中国人学英语的最大问题就是不敢开口说，可在那种环境下我真是不说也得说，说多了就越来越自信，和人交谈反而成为工作中最快乐的事情。

机会都在我们身边

在饭店打工，每天晚上下班到家都要24点左右，很疲惫，第二天早上6点还要爬起来。于是我考虑买辆汽车或是自行车来当交通工具，问了些老前辈后，我惊讶地发现原来自行车比汽车还贵，为了省钱我就只好开始寻找自己的第一辆汽车。没有想到的是，正是这个再简单不过的原因开启了我的卖车生涯，而这个时间节点也成为我从商之路的开端。

由于生活拮据，我买车的预算是1 000新西兰元（约合人民币4 500元），只能买台二手车。有了目标后我就到处看小广告、报纸搜集二手车信息（那会儿还没什么人用网络交易），最后我把目标锁定在了Toyota Corolla（丰田卡罗拉）这款车上。在找车、看车的过程中，我发现同年代、同车况的Corolla价格从800新西兰元到2 000新西兰元不等。为了搞清楚这中间的差别，我决定把市面上所有在售的Corolla全部看一遍。

图1-6

花了2个周末的时间，我把当时基督城所有在售的Corolla全部检查了一遍，看完后我很激动，我发现1 000～1 800新西兰元这个区间的车居然没有任何性能的差距，最大的差别是车的干净程度，1 000多新西兰元的车普遍内部比较脏，没有清理过，而1 800新西兰元左右的车非常干净。我恍然大悟，原来干净与不干净就值800新西兰元，抵我干160个小时服务生的工资。把每个车的主人比作一个销售人员的话，我发现把车卖1 000新西兰元的车主普遍销售技能差、服务差、态度一般，而且对自己的车不在乎；而能卖1 800新西兰元以上的车的车主明显态度好，会给你介绍车的每个地方，告诉你他很爱惜车，每周都会维护。前者的心态就是他已经这么便宜卖了，你还想怎么样，爱买不买；后者的心态就是他已经打扫整理干净，也很爱惜，理应多卖一点儿。所以这款车的合理价格应该是介于2者之间的1 400新西兰元。那么对于当时极度缺钱的我来说，买到一辆被低估的车安全边际就更高，将来卖的时候也不会亏太多。

经过一番筛选后，我终于瞄准了一款1985年的Corolla，并最终以1 000新西兰元的价格买入。买入之后，我自然是先过过手瘾，怎么说也算是自己的第一辆小汽车，那种兴奋的心情我相信所有爱车之人都能体会。美中不足的是，我的第一辆车居然是和我年纪差不多大，行驶了20万千米的二手车，但我已经很满足了，那晚我兴奋得都失眠了，夜里都恨不得去摸摸方向盘。

第二天，我并没有忘记我买车的目的就是验证我的想法是否正确，于是，我立即行动起来，写好了卖车小广告。现在想来，我很欣慰当时我有那么强的执行力，同时，将此执行力贯穿我整个创业经历。随后，我把小广告贴在大学校园的广告栏、饭店、超市里，只要能贴的地方我都贴了。贴完后，我去汽车超市买了些美容工具，立刻

图 1－7

回家清洗汽车，三个小时后这辆小车焕然一新。我个人是看不出它与2 000新西兰元的车有什么区别，就等待市场来验证了。

晚上当我正准备吃饭的时候，我的手机突然响了，我一看是条短信，我回忆它差不多是这样说的，“Hey mate，is your car still available? I would like to drop by and check it out”，我太兴奋了，我的广告里写的可是 2 200 新西兰元 O. N. O（O. N. O = or near offer，意思是可以议价）。他既然能询问，我们只要稍微谈一谈那一定能成交，只是价格问题，但再低他也不会砍到1 500新西兰元的。我回了他的短信约他明天中午看车，白天看得清楚，也方便交易。可是，意外的事情发生了……

第二天中午，我怀着紧张又兴奋的心情来到了见面地点，和看车人寒暄了一番后，他要求试驾，这让我感到成交的概率增大了，我暗想他如果没有兴趣是不会提出试驾的，于是我立刻跳到副驾上系好安全带和他一起出发。在车上，他对车表现出了浓厚的兴趣，问我最低能接受多少钱？我告诉他，开价是2 200新西兰元，不会降低太多。开了一圈后，我们把车停到停车场，我琢磨着十有八九马上就会成交，正暗爽着呢，他缓缓地把车倒入车位，“砰”的一声，只见一辆比我的车还破的车撞到了我车的侧门。

我们下车一看，侧门整个凹进去一大块铁皮。撞我车的是位老太太，目测大概有 80 岁了。很难想象 80 岁的人还能开车，她表示了歉意后问我们想如何处理。经过 20 分钟的讨论，老太太说是她的责任，让我去修车场估价后找她报销，她有保险不怕。试我车的人一看这情形后就说不买了，车给撞了他不想要了，给了我 200 新西兰元算是赔偿。

峰回路转

回到家后，我联系了修车场安排估价，然后立刻驱车过去，师傅告诉我这个门不值得修了，如果修要 1 500 新西兰元。我暗想，天啊，这个车也不过才1 000新西兰元，师傅说，“没办法，你再去其他家也是这个价格”。我说，“好吧，那你开个估价报告吧”。我拿着报告去了老太太家，告诉她估价说要 1 500 新西兰元，如果修的话和我这个车的价格差不多了。老太太说，“那我给你 1 000 现金吧，就不从保险公司走了”。我当时都不敢相信自己的耳朵，车没卖，就拿到了1 000 新西兰元。

这车等于是白送的，就是撞坏了门而已，仔细想想这也不算什么大事。回去后我把广告更新了下，说明了门上有损，价格改到1 500新西兰元。这一次我知道我是稳赢了，卖多少都是赚。没几天我就成功把车卖给了一个台湾人，1 300 新西兰元成交，整个交易一共得了2 500 新西兰元，成本 1 000 新西兰元，利润 1 500 新西兰元。虽然这其中有一部分是意外之财，但是我意识到这个生意可以做。

我的卖车生意经

接下来的每个周末我都会把所有汽车买卖广告收集起来对比筛选，然后去看车，其实我买车的技巧很简单，就是现金交易，立刻成交。很多卖车的人要的是个痛快，不喜欢拖拖拉拉，最好当天就能成交，所以我每次都带着现金、汽车交易过户表，试车完毕后，都直接拿现金出来压价格，百试不爽。

另外一个很重要的技巧是我一般都挑选那些保养不是很好，很脏、很乱，但是可以修复的车。这个很重要，总是有很多人不太在意对车的保养，卖车也怕麻烦，不会和你打持久战，因而，我这种现金买家很有优势。

最后一个秘诀就是专门买要出国或者离婚的人的车，这些人一般很急，对交易速度非常在意。宁可降价 30% 也要立刻交易。利润不会平白无故出现，要不开源（给车做清理、装饰），要不节流（从卖家这压价），这样双管齐下利润就出来了。这就是我这个车贩子的卖车绝招，事实证明它是相当成功的。

图 1 －8 是我给一辆买回来惨不忍睹的本田 CRX 做车内全车喷漆，左上角是我坐在车里喷漆，右下角是成品。我花了一天时间给车做了个整容手术，售价也随之涨了 50% 以上。我这个连家务都不会做的人，居然能给汽车做这么细的活，看来为了赚钱我也是拼了！

这种方式有点像二手房投资者买旧房子，然后重新装修后再卖出去。依照这样的方法，我几乎每个周末都会买车。运气最好的一次一个周末买过 4 辆车。车就是我的库存，有库存自然会积压资金，一般来说 1 辆车需要 2 ~ 8 个星期才能卖掉，因此，家门口的街道停的几乎都是我的车。最后停不下了，我只有把车停在大学里，有人看车就约到学校看。为了改变这个情况，我开始从日本进二手车，通过各种渠道我找到了一个可信的华人在日本专门帮我买车，然后运到新西兰，不同的是所有的车都采取了先收定金，再从日本进的模式，这彻底解决了我现金流和库存及仓库的问题。终于我从最初的自己跑去找

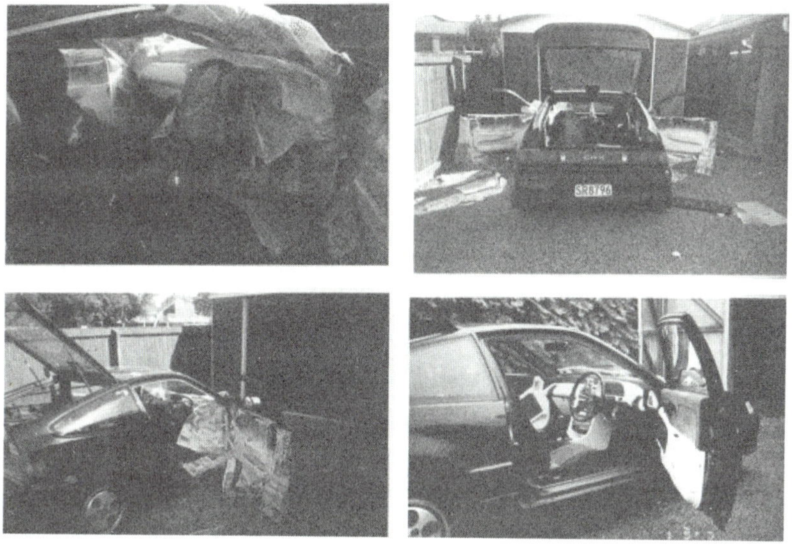

图 1－8

车，到在网上看看日本拍卖会有哪些车在拍就可以做生意的程度，水平得到了很大提升。一年多的时间，我累计卖了**超过 100 辆**二手车。这笔收入帮我付了所有的学费和生活费，最终还留下了 20 万元人民币。很快，当地很多人都知道我是个汽车零售商，在业内也小有名气，因此我也遭到很多同行的非议。很多新西兰的华人认为我卖车运气好，其实不然，我之所以能每辆车都赚钱地卖出去，是因为我一直坚守以“低于市场价格买入，略高于市场价格卖出”的原则，并提供优质服务。那么多人愿意找我买车，很重要的一点是我除了提供车本身，还提供了很多附加的服务。在很多人抱怨车不好卖，客户挑剔的时候，我反而认为这是个机会。

外国人对车的重视度和中国人完全不一样，有一个客户开着一辆 2 000 多新西兰元的车，居然住着 100 多万新西兰元的豪宅。车在国外更多的只是个代步工具而已。在新西兰，95% 以上的人都是买二手汽车，而另外 5% 的人我一个也不认识，这儿绝对不是一个看车识人的国家。

图 1－9 是一些我卖的也是我比较喜欢的车（Subaru Wrx STI Ver. 7，Nissan Skyline GTT. S15，Toyota MRS 等）。其中一辆车参加过奥克兰车展，被 *NZ PERFORMANCE CAR* 杂志报道过，最后被人以高出成本价 40% 的价格买走。

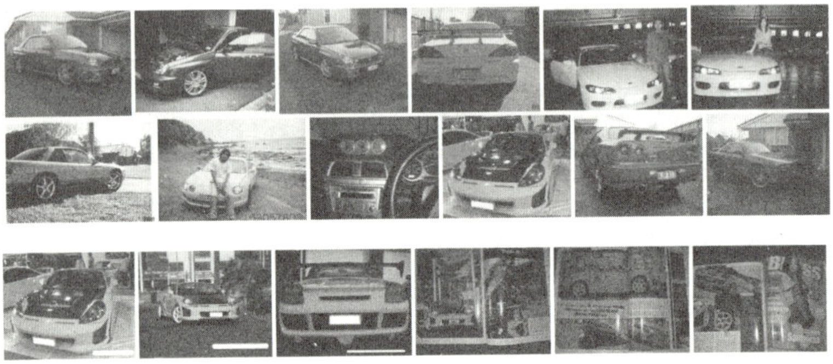

图 1－9

再回首

“以低于市场价格买入，高于市场价格卖出”，这个再简单不过的法则其实包含了很多智慧。当时我只是理解了这句话的皮毛，今天我对它的理解是多维度的，我没想到自己十几年前总结出来的一句话居然是我今天的投资理念中的一条重要原则。

今天回头看当年我身上最有价值的品质，就是对更好生活的极度渴望。这种渴望带来了执行力，我很庆幸也很感谢当初努力的自己，这段卖车的生涯让我对商业有了一个最基础的认知。

商机无处不在

商机——解决华人生活无聊的问题

在和很多华人的接触中，我发现了一个问题，原来大家的业余生活真的很无聊，很多人宅在家里看碟，但是看来看去就那么几套DVD，大家交换着看都看腻了。由于新西兰的网速当时只有256KB，流量则每月限制10GB，所以下载视频在当时是件奢侈的事情，也很不方便。正因为如此，我看到了一个新的机会，一个可以让我认识更多人，又能有新收入的机会。多认识人对我当时的业务是很重要的。

买卖二手车的业务日趋稳定后，我又开始寻思着如何扩大业务，增加销售额，要实现这个目标就必须扩大交际圈。我一直试图多认识些华人社区里的朋友，但参加聚会之类的方法并不奏效，每周也只能认识十几个人，对业务并没有太多的帮助。在

图 1－10

参加聚会的过程中，我发现大家非常无聊，几乎所有人平时都宅在家里，由于流量限制和片源短缺，看套国产连续剧都成为奢侈的事情。因而，我发现机会来了。

当时是2003年，新西兰的网络可以说是烂到极点了，每月10GB的流量，一般的华人五六个室友共用，大家资源匮乏，几乎没有什么影视作品可以欣赏。如果我有大量的连续剧、电影可以租卖给他们，岂不是一举两得。这听起来是一个靠谱的生意，于是弄到碟片资源成了我首要的任务。我和几个朋友商量了下如何弄到资源，有的建议向网络公司买大流量下载，有的建议国内刻盘发过来，有的建议从北岛奥克兰的碟商那购买（当时我在南岛，北岛奥克兰已有人在做了），最后我想到了一个自认为不错的方法，你先猜猜，下面为你揭开谜底。

比拼的就是思路

最终我想到的就是从国内进，但不是进碟片，而是进硬盘，把碟片提前拷入100GB的硬盘里。拷贝的内容专门挑选北岛的碟屋没有的，再和他们置换，这样100GB的内容就变成了200GB，后来事实证明这个逻辑非常正确。我用和A家换的100GB资源再和B家换，再用B家的和A家换，没换几次我的碟片库存已经是南北岛最多的了。因此，我立刻华丽转身，成立了南岛最大的碟屋——非常碟屋，碟子的种类也超过了北岛的所有商家。**这其实是一种共赢的合作模式，做生意的时候我们没必要掐得你死我活，多多合作，大家都有空间才是生存的根本之道。**

再回首

碟片置换的这个策略在当时确实是高效的，快速地拓展了我的碟片种类。要知道做成碟屋的关键就在于片源，越早地获取大量的片源就能越快地获取客户，但是片源很难成为核心竞争力，因为它太容易复制了，我只是动了点脑筋就搞定了所有片源，别人也可以这么做。所以这个生意是没有门槛的，是一个机会性的生意，一旦竞争者多了，利润就荡然无存。

卖碟片的生意就这么启动了，市场反响极好。起初的推广方式就是在华人报纸上做广告，那时，我每天都有 10～20 个订单，每个订单 30～40 新西兰元，平均一天营业额 500 新西兰元。我的一张光盘放连续剧 4 集，一般的连续剧有 20～30 集，即 5～8 张光盘，每张光盘售价 3 新西兰元，光盘成本 0.1 元。毛利率看起来的确非常高，不过还有额外成本：刻录机磨损（平均 1 个月报废 3～5 台刻录机）；帮我刻盘的室友们的工资，即人力成本；汽油成本（订单满 30 新西兰元，我就开车送上门，这得感谢我之前做过 2 个月的比萨送货员，满 30 送货灵感是从这里来的），所以净利润算下来每日 300 新西兰元左右（约合人民币 1 500 元）。

通过碟屋我 1 周内认识的人的人数是过去 1 个月的人数，几乎每个客人的订单都是我亲自开车送去的。那会儿脸皮厚，喜欢和客人攀谈一番，留个名片什么的，并告之对方自己还卖车，如果有需要可以找我。这样的效果尤其好，那会儿网络还不发达，人群不太集中，通过卖碟片每月除去老客户能认识 300 人左右。

猛赚了几个月后，竞争来了且来势凶猛，尤其是次年春节后，很多人看到非常碟屋赚钱自然是颇为眼红，于是借着回国过年的机会也带了不少资源回来，因此，价格战开始打响。竞争对手们用2 元/张的价格刺激着我的客户。我讨厌价格战也拒绝加入价格战，一旦陷入价格战中，大家都不会受益，但事实是这样的，降价行为的确影响了我们的生意，我的订单数量下降了 30%。为了扭转这一局面，我打算做一个网站，把我们的碟片资料、图片、介绍都放在网站上，最重要的是提供影片目录便于客户选择。最初大家的目录都是提供在报纸上，不全，而且所有的竞争对手都没有网站，只是传统地留 QQ 号或者电话，联系上了再发碟片目录。

说做就做，我收集了 HTML 语言、基础编程、网页制作等的资料，开始拼命地学习，并试着制作网页，我的第一个网站非常碟屋 www. nzvery. com 就这么诞生了。那会儿建网站的目的很单纯，没什么商业模式，也没什么电子商务的概念，完全是为了给客户提供方便，在这个网站上你可以看到按字母分类、按类型分类的碟片。这招果然破冰了，凭借着南岛第一家碟屋给客户固有的印象，加上网站带来的方便，我的订单数量终于又慢慢恢复了。当年用简单的软件设计的非常碟屋 LOGO，如图 1 – 11 所示。

图 1 – 11

这个网站给我最大的帮助是它除了给客户带来便利外，成了我发布信息的平台。网站的浏览量每天能稳定在 200 个 IP 左右，卖车的广告遍布整个网站，终于所有人都知道了非常碟屋除了卖碟还卖车，我的初衷也达成了。现在回忆起来，这种网上选片、线下送货的模式，能算 O2O 的鼻祖吗？

出售碟屋

通过非常碟屋，我积累了很多的人脉，虽然帮助了我的卖车生意，但是碟屋做了 1 年的时候营业额就无法增长，业绩一直卡在那儿了。如果要指望这门生意赚上几百万元，恐怕比登天还难。我当时正逢大学考试也没有太在意这事儿，考完试放假归来，突然发现南岛多出三四家类似的店铺，看来更激烈的竞争不可避免。但更大的问题是，有些网络公司开始提供 30GB、40GB 月流量的服务了，比之前每月 10GB 流量有很大改变，这是本质上的变化，40GB 可以下载很多电影，大家换着看也够了。我判断这门生意做不久了，于是我做出了一个决定。

我决定卖掉碟屋，一个经常买我碟片的女生得知我要转让碟屋后，很高兴地接手了。卖了碟屋后，虽然我继续卖车，但是已经失去当时每周去逛车市的兴趣了。那年是 2004 年，我手头已经有这几年做生意积累的 50 万元人民币现金了，我在考虑是不是做点真正的生意。今天回忆起来，老天是会照顾有准备的人的，我当时怎么也不会想到我那时的一个决定让我抓住了一个绝佳的生意机会，持续每年盈利人民币数百万元，并影响了未来 5 年的生活。

决定卖掉碟屋的根本原因，就是这个生意最初成立的基本条件全部改变了。**当初做碟屋的先决条件是：**

- 当地华人手头并没有什么碟片看，2000 年是留学高潮，那会儿大家刚出国，肯定都发誓要学个样子出来，所以几乎不会有中国学生带过多的娱乐光盘出国；
- 当地网络下载受限，10GB 流量，而大多数中国人都是合租，

4～8 个人共用 10GB 流量，除了浏览网页，基本是没办法下载的；

- 南岛当地没有一家碟屋，市场处在真空期，没有竞争对手，谁提供了这个服务，谁肯定能赚钱。

而当我决定卖掉碟屋的时候，情况是：

- 当地华人手头都有不少套碟子了，可以交换看；
- 网络公司提供 30GB～40GB 的月套餐，且价格不贵；
- 做碟子生意的人多了，竞争激烈了。

在市场缩小，竞争对手增多的情况下，还有必要再继续做下去吗？

再回首

不要和生意谈恋爱，很多人认为做一门生意应该坚持到底，不能轻易放弃。在我看来，一定要看情况，就碟屋这个生意来看，它已经不具备生存的空间了，所有的环境都发生了变化，盲目地坚持做下去只会浪费更多的时间。这门生意从开始就注定了是一个短期项目，不具备做久、做大的特性。在创业时，我们一定要分清楚自己做的是项目还是事业，千万不能自欺欺人。

我是如何发现机会的

从 18 岁开始做生意，这十几年给我最大的感受就是我们创业的动因往往是有个好的想法，或者发现了一个好的市场机会，我称它为 A。当我们做了一段时间后会发现很多意想不到的新的商业机会，它会优化你最初的构想，演变成 B。当我们继续努力做下去的时候，我们服务了一定量的客户，积累了不少的人脉，我们的生意模式会演变成 C。到了这个阶段我们已经赚了不少钱，但未必能让我们大富大贵，继续努力做下去，我们会成为行业的佼佼者，并且做强做大一件事情，这时我们会突然发现一个崭新的商业模式 D，而让企业做到强大的都是这个 D！成功后你再回头看一下，你最初的商业模式 A 和现在的 D 完全不是一回事，但是你不经过 A、B、C 就不可能有 D，这也是为什么这么多浮躁的创业者看到别人成功后也想直接做 D，结果都是以失败告终的原因。我们熟知的 Flickr 最初是做游戏，而非图片；Twitter 最初也只是做项目管理工具的，这类现象英文有个词叫 Pivot（轴心，在此处是关键转折的意思）。

卖车和做碟屋积累的经验到今天都有着巨大的作用，这是最好的销售经历，而后面 5 年的生意把我拉到了一个新的层次，是我学到最多东西的 5 年。新的生意契机并非凭空而来，我希望用一点篇幅来写我是如何发现这个机会的，毕竟太多的励志故事会让我们有种错觉，觉得商业机会都是想出来的。

21 岁，我的跨境贸易年赚百万

卖车带来的新商机

这一切还要从卖车说起。我在前面提过，我买车喜欢买离婚、回国、急用钱这三类人的车，因为这三类人的车价格最好压，加上我采用现金结算，所以每次都能如愿。2003 年上半年的时候，我无意中在网上看到南岛一个小城市丹尼丁有人卖一台 2001 年款的黄色尼桑 Silvia s15，但他的标价只有 2 万新西兰元，要知道这款车的市场价格可要 2.5 万 ~2.8 万新西兰元，一般来说愿意这个价格出售的一定是符合我三个要求之一的。于是，我看到广告的当天就打电话给他，并且买了当天的机票飞过去，再三叮嘱他不要卖给别人。到了丹尼丁，我检查完车没问题后，就把车开回了基督城。他是香港人，他告诉我他要回香港，所以急着出售。

事情本来这么简单就可以结束了，但是回到基督城后我总觉得有点奇怪，于是我又上网看他发的广告，他发广告的那个网站叫 Trade Me，和易贝是一个性质的，只不过在新西兰没什么人用易贝，大家都用 Trade Me。我突然发现他的 ID 有接近 3 000 多个好评，原来他是个大卖家。我看了下他卖的东西比较杂，而且价格偏贵，那会儿华人圈里都没有人上 Trade Me 的，虽然我知道这个网站，但我除了有个账户看看别人发的汽车广告外，也没想在上面卖什么产品。

没想到这个好奇和打破砂锅璺到底的作风给我带来了很好的提示，又一个机会摆在眼前了，网上卖东西看起来是一条不错的路，这个香港人能做到，我想我没理由做不到。

我在做生意上算是个执行力非常强的人，于是我立刻开始张罗进货的事情。连续两个星期我都在淘宝和易趣上不停地寻找着产品，乱七八糟找了一大堆产品，一共花费人民币 5 000 元。产品有小礼品、手表、女生玩偶、MP3、计步器、化妆盒等几十种，因为我不知道新西兰人喜欢什么产品，所以就把自己觉得不错的产品都进了几个。请大家原谅我的无知，那会儿的确太年轻，但这也不失为一个检测市场的方法。

Trade Me 的游戏规则

在这儿我简单介绍下 Trade Me 的游戏规则，对于卖家来讲，它有 3 种销售方式。

一口价模式：卖家直接列出想出售的价格，买家如果能接受，就点击直接购买，基本和淘宝现在的购买模式一样。

竞价模式：卖家给出相对较低的价格，买家相互竞争购买，价高者得。卖家最低价格可以设置为 1 新西兰元，即从 1 新西兰元开始竞拍，如果没人拍，就以 1 新西兰元成交。

隐藏底价模式：卖家设置个心理最低价，这个价格买家看不到。比如卖家卖一部手机，设置心理最低价为 200 新西兰元，但是从 50 新西兰元起拍，只有拍到 200 新西兰元及以上才能成交，否则无法成交。

当我买的那些杂货到了后，我采取了一口价模式把所有产品都上传上去。可是等了两周都没卖掉几个产品，于是我又选了几只女士手表，看起来真的很漂亮的那种，开始尝试竞价模式。我用的是1新西兰元底价竞拍，结果真的很悲惨，那些一两百元人民币进的手表都只卖了1～2新西兰元，这简直是亏大了。等了几个星期，产品要不没人买，要不卖出去都是亏本，我有些气馁，决定放弃这批货。我一气之下把所有产品都放入1新西兰元竞价模式拍卖，以期尽快脱手这些产品，但奇迹发生了，我放的一个128MB内存的MP3居然拍到了150新西兰元，约合人民币800元，单这一个MP3我就赚了人民币600元。好事接二连三，另外一个计步器也拍到了35新西兰元，约合人民币200元，而我的成本才合人民币7元！我兴奋了，直觉告诉我自己可能中奖了，商机来了，真的来了，这么高的利润简直让人难以想象！现在回想起当初的兴奋感，我依然能记得，那和我买第一辆车那晚差不多，只不过满脑子想的变成对未来美好生活的憧憬。

Trade Me是检验市场的最好的地方，由于这个平台上都是自由竞价，绝对能反映出消费者对产品价格的认知，但大家需注意这不代表市场价，Trade Me的竞价模式绝对会让客户感性而不是合理地消费，这一点我也是后来才发现的。由于我卖的产品都是1新西兰元起拍，价高者得，所以在竞价的过程中参与者会非常亢奋，经常做出不理性的事情，比如一款MP3我的一口价是180新西兰元，居然有客户会竞价到250新西兰元。这种事情不是一次两次了，在竞价的过程中，人会有一种对产品的归属权的控制欲，他们认为这个产品已经是自己的了，谁会认为自己会输呢？因此当人对某事物的归属感非常强的时候，他不愿意失去，他没时间去了解实际上他可以少花70新西兰元买到同样的产品。虽然有些客户事后冷静下来会发现自己买贵了，但他们的信用普遍不错，打落了牙齿也只往肚子里咽。

当我们觉得绝望的时候，往往新的机遇就要产生了；当我们觉得信心十足的时候，倒霉事很快就要来了。这似乎就像阴阳两极，春夏秋冬一样。这么多年我总结出要想在凡事顺利的情况下避免即将到来的灾难或者困难，就要有足够的经验去预防和应对它，要做到这点真的很难，只有两种人可以，一是运气很好，二是经验非常丰富。

再回首

现在回头看，当初去丹尼丁购买那辆黄色的尼桑Silvia S15彻底改变了我的人生轨迹。我试想过，如果没有这件事，我也许不会干电子商务这个行业，更不会做后来从事的在线教育行业，这一切的起源竟然是我当初的一个决定，我觉得这是我当时的努力所争取来的运气。很多时候我们只要真的努力了，老天总会给我们创造出一些机会，如果你的运气没到，我觉得你一定没努力到位。

快速试错

1 新西兰元竞价模式让我迅速了解了新西兰市场，测试到哪些是不受市场欢迎的产品，哪些是市场高度追捧的产品。手表、玩偶、小礼品全军覆没，都没超过 10 新西兰元，而电子产品异军突起，3 倍至 10 倍利润不等，最后这人民币5 000元的投资让我赚了近人民币10 000元，这还是在我产品结构最差的情况下达到的。于是，我开始大规模进货，淘宝和易趣已经满足不了我了，因为我要拿最低价，所以我开始上阿里巴巴寻找供应商。

我拿出人民币 50 000 元进了 100 多台 MP3（128MB、256MB 和 512MB），记不起当时是否进了 1GB 内存的 MP3，不过后来有采购 1GB 和 2GB 内存的，此外还有 1 000 台计步器，这是我的第一批货。

所有的产品我都在 Trade Me 上用 1 新西兰元起拍的模式销售，MP3 的利润高得惊人，成本人民币 400 多元、内存 512MB 的 MP3 可以卖到人民币1 200元以上，人人都在哄抢，光 MP3 这一个产品每日利润就超过人民币 3 000 元。计步器也被争相购买，新西兰人喜欢走路锻炼，所以这个在国内卖不动的产品到了大洋彼岸成了抢手货。

我给计步器这个产品做了一个很有创意的广告，标题就是 **Walking 10,000 steps every day，every step counts**，这算直击新西兰客户的内心了。大家都知道新西兰人对户外活动多么热衷，新西兰的蓝天白云，PM2.5 不超过 5，一年都保持在 10～20 多摄氏度的气温，在此环境下走路锻炼是件开心的事情。就靠这个标题，我的计步器在网上卖疯了，甚至连很多做杂货店的小老板都来我这里批发。成本约人民币 7 元的计步器被卖到人民币 150～200 元，这段暴利的日子我一共享受了半年。任何暴利的产品最终必然趋向理性，这只是时间问题，越是成熟和充分竞争的市场，出现暴利的机会就越少，可见当时的电子商务处于很初级的阶段，所以才有这样的机会。

2004 年，我用了 8 个月的时间取得了营业额人民币 220 余万元，净利润超过人民币 120 万元的业绩。

关于 MP3，我的不同经营策略

高效节俭运费之道

一转眼到了 2005 年，经过 2004 年 6 个月疯狂的销售，我的电子商务事业已经小有所成，但是有时我会想这一切来得太突然了，我怎么一下子就进入了电子商务这个领域呢，因而我产生了一种不踏实的感觉，觉得自己的年纪驾驭不了这门生意。于是，我开始到处学习，那会儿学习是件困难的事情，国内的网商才崛起，还没有太多可供学习的资料，所以我开始接触国外的营销论坛寻找资源自学。另一方面 Trade Me 的生意确实很红火，MP3 也发展得很快，2GB 内存的 MP3 也开始有卖的了，所以，我下架了所有 128MB 最低内存的 MP3，用 2GB 的取而代之，这使我成为 Trade Me 上最早卖大内存 MP3 的商家。但是，随着 MP3 业务越来越多，

图 1－12

我面临一个难题，早期做电商时进货不多2周才进100多台，所有产品都采用DHL快递的方式运输，深圳快递出货很便宜，1千克40元左右，每次进货不到100千克。但到了2005年2周100台的进货量完全满足不了市场需求，而且每台MP3除了机子本身，还有很多配件诸如充电器、说明书、包装等。我要想个办法既能大批量地把MP3运过来，又不用花那么多运费。经过反复思考，我终于想到一个办法，完全可以解决运费问题。

当我感觉到运费的成本与日俱增的时候，我还发现100千克的DHL包裹总是受到新西兰海关的“眷顾”，每次检查都会延误三四天，而我2周就必须进一次货，主要原因是当时MP3的芯片价格波动很厉害。做过MP3生意的朋友都知道，MP3芯片的报价每天都会变动。为了避免堆积过多的MP3，必须增加进货频次。不管怎么说，为了减少运费和海关的查验，我想到一个办法，我在厂家定了2 000个MP3盒子和配件单独海运拼箱过来，而DHL只发MP3机器不再发送盒子这些配件，这样每次20千克就可以运送非常多的MP3，省下了很多运费和时间，尤其是时间。随着后面加入MP3销售行业的竞争对手越来越多，货源充足、成本低，不受芯片价格波动影响成了我成功的关键。

充分分析竞争对手

2004年完成销售任务可以说是很轻松，毫无压力，因为我是最早进入市场的，几乎不存在有规模的竞争对手。然而新的一年，很多老外也看到了这个产品的商机，进入此行业，突然之间我的竞争对手接二连三地冒出来，其中与我竞争比较激烈的几个商家为：

- 中国香港商家A；

- 奥克兰白人 B；
- 奥克兰白人 C；
- 新西兰的华人 D、E、F。

在这种形势下，我意识到 2005 年下半年会比较艰难，一场硬仗在等着我，除了以上 A ~ F 的商家外，还有些零零散散的商家也都虎视眈眈。好戏就要开始了，不过我相信自己一定能战胜他们。

我查看了 A ~ F 的所有交易记录，并将它们写在一张表格上，一个个看他们的优势和缺陷。经过大量的数据分析，我发现了他们每个人都有自己的特点。

中国香港商家 A，他的产品成本应该是最低的，他有足够的拿货优势，加之香港物流方便，成本应该比我低。

奥克兰白人 B，他的产品成本应该最高，肯定被某个商家坑了，而且他采取了比较保守的销售模式，每天只放不到 10 个 MP3 进行 1 新西兰元起拍。

奥克兰白人 C，这个人的产品成本应该也比我高一些，但是他用的方法很激进，每天会放 20 个以上 MP3 进行销售。

D、E、F 普遍用了成本最低的现代芯片，销售有激进，有稳健，但普遍问题是产品返修率高。

根据他们的特点，我发现要对付他们必须做到以下三点：

- 产品成本比 A 低；
- 每天销售数量要比 C 多；
- 产品质量要比 D、E、F 好。

于是，我调整了策略，去了一趟深圳，考察了很多做 MP3 的厂家，最后我找到一个当地的朋友，他愿意帮我组织工人自己组装 MP3。他告诉我需要做的准备工作其实很简单，只要采购配件，找到操作熟练的工人就可以开工了，没任何技术含量，这样我的产品成本一下就降低很多。同时，由于我自己负责采购，我所有的 MP3 都使用了三星的芯片，返修率极低。

当一切条件都具备的时候，我知道战斗就要开始了，一切就绪。我觉得很兴奋，我喜欢竞争，尤其喜欢知己知彼、胜券在握的竞争。

再回首

充分分析竞争对手情况是商业中必备的基础步骤，我以前的分析还只是停留在看得见的竞争对手层面，但在那个时间段也够用。要在行业竞争中获得优势，对产业链的上下游进行分析极其必要，分析的结果我一般用来做差异化。我知道对手产品是什么属性之后，会尽量做到差异化，同质化是没有高利润的，差异化是必须走的一条路。

再普通的产品也能做出差异化

深圳的朋友帮忙召集好人员，在华强北附近租了个小屋，开始了简单的生产。在深圳做过电子产品的朋友应该知道，出口电子产品的说明书简直不知所云，估计是用什么软件翻译的。我前期卖出去的产品很多新西兰人都很喜欢，只是抱怨无法看懂说明书。我觉得这是一个可以改进的地方，便专门请了一个做编辑的新西兰人给产品写说明书，然后自己拍照加排版，这样一份完美的说明书就诞生了。别小看这个说明书，这点用户体验就帮我带来了很多的客户。做外贸的朋友们，你们的产品说明书你确定老外看得懂吗？据我观察，80% 的产品说明书都做不到简单易懂，这是个可以改进的地方。

另外一个细节就是 MP3 的耳机部分，大部分厂家用的都是廉价耳机，没几天不是一个耳机没声了，就是耳机盖子脱落了，我决定增加成本，使用好的耳机。最后，从包装、配件上我也下了很多功夫，花了很多时间，这样整个新西兰市场上就只有我的 MP3 性价比最好，为后面的各种竞争打下了一个不错的基础。

产品投放到市场后，在质量上绝对是完全超越了所有对手。但是我发现了一个问题，那就是在 Trade Me 网站销售的时候，成本过大。这里给大家简单介绍下 Trade Me 网站销售产品的费用，当时在 Trade Me 每成交一个产品，网站需要收取 5% 左右的提成，即产品销售的价格为 100 新西兰元，你要给网站 5 新西兰元的手续费。这还不是最狠的，最狠的是上传产品也要收费，如果你想让你的产品照片显示在用户面前，那么每个产品需要交 0. 5 新西兰元的费用；如果你想让你的产品在所有同类产品里排名靠前，每个产品则需要交 3. 25 新西兰元。你可以想象你每天要上传 100 多个产品，如果每个都使用 3. 25 新西兰元的推广方法，则需要 325 新西兰元，大概合人民币 1 800 元，这还没算上成交的 5% 的提成。

在 2004 年我做的人民币 200 多万元的业绩中，就至少有人民币 15 万元贡献给了这个网站。当然我觉得这个投资还是很值的，毕竟它带来了人民币 100 多万元的利润。不过业务发展到这个阶段，我要考虑的是**如何不完全依靠 Trade Me 这个平台来开拓业务**，如果能成功的话每个产品可以省下 5% ~10% 的成本，而这些钱完全可以让利给用户，或者提高产品质量。我一方面思考着这件事，另一方面和 A、B、C、D……这些竞争对手激烈争斗。几个外国人完全不是对手，无论价格还是品质都无法超越我，中国香港商家和几个新西兰华商倒是抱着有赚就好的思维不要命地卖产品，也不管利润有多低了。

在“重复消费”上做文章

在做 MP3 生意过程中，我意识到客户是会重复消费的，比如买了你一个 1GB MP3 的人，过几个月他可能突然要买礼品送给某个同事，或者说帮同事买，这都会产生二次、三次的消费，所以每个客户都是有长期价值的，绝对不是一次性交易。可能正是因为前期我在服务和产品上都严格要求，所以很多客户都会重复购买，比率几乎高达 10% ~20%。在重复购买的过程中，客户因为前期知道了我的联系方式，所以也就脱离了 Trade Me 交易，节省下了不少费用，也就是这样我意识到有必要收集好所有客户的信息，诸如邮件地址、电话号码、购买过什么产品等。我把 2004 年所有的交易记录都整理出来，也开始为将来收集更多的客户资料做准备。

说到客户重复消费的问题，相信大家都明白，维系一个老客户的成本远低于开发一个新客户。为了充分挖掘老客户的消费潜力，我在每次的成交信中增加了一些激发客户二次消费的元素，诸如：

- 恭喜您竞拍成功，您现在只需再花 10 新西兰元就可以购买到一款 MP3 硅胶保护套（7 种颜色任选）；
- 您只需要再付 30 新西兰元，就可以获得一个套装（一个硅胶保护套和一个通用充电器）；
- 您可以花同样的价格再购买一台 MP3 送给您的爱人、孩子或者朋友。

这三个选项一出，大大增加了客户的购买欲望，将近 70% 的人会选择购买一个硅胶套，50% 左右的人会选择购买套装，20% 左右的人会选择多购买一个 MP3。就这样我的竞争对手们完全不知道我“背着”他们卖了那么多产品。

通过一些细节的改变，客户对我们相当信任，当然获得这些信任是艰难的。为了维系这些信任，我们坚持不懈地努力，花了很多时间，真正地做到从心底里为客户着想。付出都是有回报的，我们的优质服务在客户中形成了良好的口碑，他们相互推荐，给我带来了许多新客户。

垄断 Trade Me 搜索结果

经过一年多的经营，我们的产品在网络上的市场份额逐渐增加，同时竞争对手也越来越多，很多人慢慢发现这是门赚钱的买卖。面对泛滥的同行，我们多多少少受到了影响。为了提高我们的产品在网络上的曝光率，我觉得垄断整个 Trade Me MP3 搜索结果非常重要。

什么是垄断 Trade Me 搜索结果呢？大家都知道垄断 Google 第一页搜索结果吧，比如你是做 LED 路灯的，你在 Google 搜索的时候会发现很多同行都是做这个的，所以第一页搜索结果往往有十几个不同企业的网站，但是如果第一页全是你一家公司的结果，而且每个搜索结果的网址都不同，让客户完全无法区分是同一家公司，这样就叫垄断搜索结果。当然做 Google 垄断结果还牵涉做站群等知识，暂不讨论。我要做的是垄断 Trade Me 的搜索结果，即只要有人搜 MP3、MP4、MP3 player 之类的关键词，出来的都是我的产品，这样可以最大限度地占有市场，迷惑客户和竞争对手。

这时问题出来了，Trade Me 只允许一个人注册一个 ID，如果你多注册会封掉你的号。Trade Me 会通过各种途径诸如 IP 地址、COOKIE 等方式锁定你，所以想申请多个 ID 来经营是非常困难的。但是任何困难都可以解决，问题在于你肯不肯下功夫去做。

确定了垄断搜索结果才能增加市场份额以后，我就立刻开始尝试申请注册不同的 ID 来卖产品，可是每次都被 Trade Me 警告并封闭其他子账户，看来想要注册多个 ID 的确是非常困难。这件事情耽搁了我一段时间，我尝试过多种方式，比如在大学里、网吧里注册，或者用朋友名字注册，最终都被监测出来是我的子账户。为了避免惹怒 Trade Me，我只能暂停下来仔细研究到底哪儿出问题了。经过一个一个疑点排除，最终我还是没发现问题到底出在哪儿。虽然不知道症结所在，但是我猜想如果真的是两个独立的个体，Trade Me 是不可能将其判定为一个人的，为此我尝试彻底用独立的个体身份去试验一次。我增加了两台新电脑，完全新的，没有任何人用过，注册了两张新的信用卡，使用新的家庭地址、独立的网络公司，这 100% 模拟了独立个体使用 Trade Me 的方式，并且每个电脑只上 Trade Me，不上任何其他网站，我就不信这样也能被认为是一个人。

果然，这招成功了，我的 3 个 ID 同时运作，产品图片和介绍也完全不同，根本无法判定是同一个人或者公司。我开始大范围复制此方法，立刻增加了 4 台电脑，一共 7 台电脑，7 个 ID 同时卖电子产品。最后，在 Trade Me 搜索电子产品，有一半以上是我的产品，垄断基本成功了。

占领搜索结果这一目的算是达到了，随之而来的就是销售额大幅度增加，好在提前海运的 MP3 包装和配件充足，这个后方的支持相当重要。

永远不变的是变化——自建商城

随着销售额的提高，Trade Me 的费用日益增加，每天近千新西兰元的广告费和手续费在报表中显得那么碍眼。如果这个费用可以减去，一年的盈利一定会提高很多。我准备自建 B2C 网站，来减少费用。当然我不是全能的，对于网站搭建方面我有基础的编程知识和HTML知识，可以建设一个非常碟屋那样简单的网站，但是打造商城还是有所欠缺的。我想起了朋友小S，他是程序高手，在这方面相当有天赋，**于是我开始准备建自己第一个真正意义上的B2C网站。**2005年那会儿国内很多人还不知道什么是B2C，做B2C的人就更少了，所以学习这方面的知识还必须从国外获取信息。为了全身心地投入网络营销学习，我从大学里雇用了人帮我发货和管理Trade Me，最核心的产品管理和进货则由我女朋友来负责。她辞去了惠灵顿市政府高级工程师的工作，全职帮助我，而我的大部分精力都用在学习上，因为我意识到互联网有着巨大的机会。

现在回头看能和程序员小S建立合作关系是很重要的事情。为什么这么说呢，因为创业中的合作伙伴需要互补，而找到互补的人谈何容易。即使有人选，以对方各方面的条件你们如何去谈，在合作过程中，如果出现问题，双方的性格是否能调和等，都是很重要的问题。创业中的合作伙伴给我的感觉和夫妻差不多，蜜月期就是创业初期，双方满腹理想，对未来抱有憧憬，看对方怎么看怎么顺眼；等合作半年后，什么问题都出来了，就像夫妻间了解了对方的陋习，发现了以前没看到的问题，开始闹矛盾，互相看不顺眼，创业合作伙伴也可能如此，慢慢发现自己的合作伙伴不是那么理想，这些都是现实的问题。

然而，要解决这个问题的最好办法就是“试婚”，人无完人，每个人都有缺点，关键是你要知道你是否能和接受他的优点一样去接受对方的缺点，就像老话说的那样，爱他就爱他的一切，优点缺点都爱。我和小S之前就试着合作了很久，所以彼此有默契和信任，加之小S那会儿刚大学毕业，我也很年轻，双方都没有过多地计较得失，所以我们正式地合作起来了，确切地说是他开始负责我初期的网站程序。

一个多月后我的第一个 B2C 商城诞生了，为此我还申请了一个新公司，**KIWI GIFTS ONLINE LTD**。那会儿做 B2C 的人还不是很多，所以网站上线后一周就有流量，但是流量不多，每天几十个人，隔三岔五有些订单，当然，和 Trade Me 给我带来的订单相比那是微不足道的，Trade Me 一天的销售额可以抵上网站一个月的销售额。

建立独立 B2C 网站的目的是为了节省 Trade Me 那接近 10% 的手续费，所以虽然销售额不高，但我并没有放弃，并且开始把客人往我自己的网站上引导。我开始发信给所有以前成交过的客户，告诉他们现在可以直接在我的商城购买，不需要通过 Trade Me 了，同时如果他们从我的商城购买，我可以免费包邮（新西兰的快递费还是比较贵的，平均每个客户购买一个产品需要支付约人民币 35 元的邮费）。

此外，在给所有新成交的客户的信中，我都放入一段介绍新网站的文字和图片，以及促销方式。这样坚持做了 3 个月，网站的流量很快上去了，每天都有近 400 人访问，这 400 人中绝大多数都是购买过我产品的客户，所以我们之间的信任完全不是问题。

新西兰人的信誉总体都不错，即便没交易过的人也很容易相信我，因为他们相信没有人会为了这点钱和自己的信誉过不去，这可能也是电子商务初期在国外发展更快的原因。而在中国只有解决了安全支付问题，才能建立信任。因而一些刚开始创业的 B2C 公司，没有名气，没有人知道，用户也不信任，的确比较困难。我一直很佩服在国内做生意的人，国内的确比国外起步要难很多。如果有机会，我一定要回国创业试试，看自己到底实力如何。**一个人，如果不逼自己一把，根本不知道自己有多优秀。换句话说，一个人，想要优秀，必须**

接受挑战。

在2005年的年中，突然有一天，我收到一份Trade Me员工发来的信件，打开一看，是邀请我参加第一届Trade Me Top Seller（顶级卖家）酒会的邀请函，在首都惠灵顿的Waterfront Penthouse（海滨顶层公寓）举办，主要是给大家一个交流的机会。我心里又是激动，又是担心，以前只参加过大学里的酒会，还从没参加过商业性质的酒会，我得去，说不准能遇到新的机会。

图1－13

我特意买了套西装（在新西兰，一般极少有人穿西装，新西兰人甚至不穿鞋走路），那个夜晚我独自一个人驾车去了酒会。在路上我心里还是相当紧张的。到了Waterfront Penthouse我刚把车停好，就看到门口已经人头攒动，有一群穿着Trade Me制服的美女在维持秩序。我走过去，一个白人美女很轻快地走过来，极其礼貌地问我是否是来参加聚会的，我点头示意，她告诉我跟着她走。在她领我进去的那几十秒，她告诉我，我是目前为止唯一的一个亚洲人。这话不说还好，一说我更紧张了，不会就我一个中国人吧，连个伴儿都没有，我有点儿没有安全感。

进去后，会场布置得相当不错，到处都是免费的点心、饮料，三五人一组在交流着。我拿起酒杯一个人走到拿点心的桌子旁边，边吃边装镇定，我心里想，大家都几人一组聊天，我也不好直接插进去啊。正在我犹豫怎么办的时候，有个人拍了拍我的肩膀，对我说：“Hey mate，what's up?”（嘿，伙计，怎么了?）我回头一看是个50多岁的白人老人，我回了他一句“What's up?”（怎么了?），他告诉我他叫David，是从奥克兰来参加聚会的。这个David是后来对我有很大帮助的一位白人。

营销无处不在，抓住痛点

和David攀谈起来后，我了解到他是在奥克兰做健身器材的Top Seller，主要货物都来自中国，他也卖些德国高档的货，不过这些高档货主要是用来做做样子，真正卖的还是中国产的健身器材。我们聊了一会儿，他给了我一张名片，我也递给了他一张，他一看我名片，先怔住了2秒，然后指着我名片背面的质保卡说道，“You're a smart guy”（你是个聪明的小伙子）。**我的每张名片背面都是产品质保卡。由于我们把产品质保信息印制在名片背面，每发一个产品都会附加我的名片，所以客户一般不会丢掉我的名片。他们经常看，对我的印象就会越来越深刻，以后想买电子产品，很自然地就会想到我了。**

David说这招太好了，他回去也要这么做，同时他邀请我有空的时候去奥克兰他家里做客。交谈之间，大会主持人出场了，一段对Trade Me文化的介绍和对大家的感谢后，Trade Me CEO Sam Morgan出场了，他的演讲很有激情，当时我真的被他打动了。会场中一眼看去，黑头发很少。在休息期间，我走到每个我能看见的亚洲人身边，试图友好地打招呼，但可能亚洲人警惕性很高，大多数人都不是很愿意交谈，这一点亚洲人的确要向欧洲人学习，交流是很重要的。

会议中，大家分享彼此的经验，其中一个号称Trade Me最大的卖家说他一共有1万个好评，我在想我8个ID加一起都快2万个好评了，心里不禁偷着乐。不过值得注意的是，Trade Me 不同于淘宝，很多用户是不给评价的，系统也不会给，所以 1 万个评价，估计有近 2 万个销售订单，这还不包括线下的交易。图 1－14 附一张我能找到的最早突破 3 000 个好评的账户证书给大家分享一下。

图 1－14

通过这个活动，我大概了解到了整个 Trade Me 的竞争情况和大卖家的情况。总结得出，敌人并不可怕，他们也是和我一样有血有肉的人，也和我一样有脆弱的一面。

在新西兰做生意，大家都会遇到的一个瓶颈，就是新西兰人口少，整个国家只有 400 万左右的人口，所以想靠人口把生意规模做大是不可能的，我只能在现有的消费者里再找机会。零售的最大好处是客户可以重复购买产品，于是整理客户资源一事再次被提上案头。在 2005 年年底我已经交易了 2 万多笔生意，但是 Trade Me 只保存 3 个月的交易记录，也就是 3 个月前的交易数据都不在系统里。

幸运的是我女朋友是个很有条理的人，她负责帮我做一些简单的财务和客户记录工作，每周都把这些数据导出来，这简直是太棒了。据我所知，当时导出数据备份的人微乎其微，因为很多卖家认为没必要，觉得自己只是做网络交易，要这些数据干什么，用户如果有需求自然会再来网上找他们的。这是绝对的误区，用户才没那份耐心和忠诚度。今天回头看那时的方法和工具简直是在猿人时代，但即便如此老土的方法，也能获得极高的利润，为什么？生意之道，唯快不破！

理性面对邮件营销

数据整理出来后，我很开心，手上近 2 万个邮件地址，并且都是很精准的客户的邮箱，这下有好戏看了。我很庆幸自己能拿回所有的数据。抱着这些数据我开始做白日梦了，2 万个邮箱，发出去推销几个产品，如果有 10% 的人买，那就是 2 000 个订单，还是快速产生的，这可抵我做 2 个月左右的活了。我要每月发 2 次，1 年可就等于干 3 年的销售量，简直是天降馅饼。

盲目发邮件惹祸

说干就干，要把 2 万份信件发出去不是件容易的事情，那会儿好像还没有现在那么多邮件群发工具可以选择，于是我注册了 N 个 GMAIL 账户，喊上朋友，几个人不停地发。不过尴尬的事情出现了，很多信件被退回来了，有些客户收到了邮件后不是很高兴。在国外，大家都讨厌收这些未经许可的邮件推销信。在我们发送的邮件里，我们会自作聪明地在标题里写上“Urgent！dude，you got to check it out”“Bad things happened，brother”“I want you to know...”这些会引起客户注意和好奇的话，虽然客户点开了，但是并不开心，他们认为我把他们愚弄了。所以对待客户千万不可耍小聪明，要知道每个人心中都有杆秤，他们会衡量。

发了几千封邮件后，我们发现出现了很多问题，比如发送失败率越来越高，很多信件都被ISP封住了，没有成功地发出去，客户投诉的也很多。虽然群发邮件很悲惨，但是好在也成交了些订单。我相信这种邮件销售是没问题的，毕竟有单子成交了，出现问题的原因主要应该是以下两点：

- 客户虽然买过我的东西，但是很多都没第二次联系过，邮件发出去别人不知道我是谁；
- 发送前没做好调研，没花精力去学习如何发送，导致浪费近1万个邮件地址。因此，光做梦是不行的，还要不停地学习加测试。

订阅策略

原来美好的理想被现实击溃，我原本以为能通过无意保存下的邮件列表增加2~3倍的销售量，但事实验证了这条路行不通，至少是我做得不行。在意识到这种非许可的邮件营销没有作用后，我调整了策略。

第一步要做的就是在所有的邮件底下都写上诸如：

Thanks for buying from us.

Subscribe our monthly newsletter for discounted products.

接着写一封信给之前的邮件列表中的2万多用户，邀请他们也订阅，如果订阅可以得到我们每月的折扣信息等，在获得他们的许可后再发信。

结果1个月内，大概有18%的用户接受了我们的邮件订阅，加上新客户刚接触的时候就邀请他们加入，很快订阅邮件的用户就接近1万了。这1万用户的质量可远比之前的2万用户要高得多！在之后的营销中这点得到了充分的证实。

做销售和追女朋友方法差不多

其实这么多年来我对销售最大的感悟是急不得，很多人上来就逼单，就想让客户买东西，这样就如同你刚认识一个女生，第一次见面就要求和人家谈恋爱一样。你回忆回忆自己追女朋友怎么追的，就知道销售怎么做了。看看电影、吃吃饭是基础，跳过这个基础是不可以的。当然如果你的企业有苹果公司那么牛，那倒贴的可能一大把。邮件营销的最大好处就是可以让你和客户“谈恋爱”，虽然你发出去的邮件客户也许根本不回（许可邮件前提下），但是他们对你有印象，等他们和现在的“男朋友”分手的时候，第一个想到的就是你——一个一直发邮件展示自己各方面能力的公司。

图 1－15

在用 Newsletter 发许可邮件的过程中，有些客人会回复，其中有很多人都问我是否卖索尼的记忆卡，我想可能是我卖 MP3 的原因，外国人总觉得我们亚洲人是极客，数学好、计算机好，电子产品也比较在行。开始我也没在意，都回复他们不好意思，我们是专业做 MP3 和相关产品的，我们很专注之类的话。可是问的人越来越多，这不得不引起我的注意，于是我上网仔细调研了一番，原来 2005 年年底数码相机突然流行起来，很多人开始买数码相机，索尼自然是一个不错的选择。

商机陷阱

了解到也许市场上需要记忆卡后，我上网搜索了索尼记忆卡的价格，没想到居然那么贵，250 多新西兰元一个。我的直觉告诉我，这里面绝对有机会。二话不说，我立刻上网查找国内产品的价格，我先去淘宝和易趣看，那会儿易趣还可以。如果淘宝和易趣的价格都比国外便宜一半以上，我就会直接上阿里巴巴找供应商。我觉得找货源就这么简单，一切都在网上，资源随便整合下就出来了。

发现“暴利”商品

在网络上一看记忆卡的价格，我震惊了，最便宜的记忆卡才 100 多元人民币，这可是 10 倍的利润，而且，记忆卡还是这么轻的物件，当时我激动极了。那几天晚上，左眼时常跳……俗话不是说左眼跳财吗?

10 倍利润的产品，邮费可以忽略不计，这太让人兴奋了！即便如此，我还是很谨慎，只是从国内进了 50 张 512MB 和 1GB 的 SONY 记忆卡来试水，货到后立刻放在网上以 1 新西兰元起拍。为了迅速看到结果，我把拍卖时间缩短到 1 天。我发现时间越是紧迫，大家抢得越厉害，广告词是：24 hours auction！1 $ Reserve!！Get it before someone else。这绝对充满诱惑，一天就结束了，大家都在想自己是不是能占个便宜。如果别人不拍，或者没时间拍，那自己就可以买到便宜货了。

可事实是正因为人人都这么想，关注的人变得特别多，所以1新西兰元起拍的效果是最好的，再加上24小时内就结束，比起同行3天、5天、7天结束，更具诱惑力。卖了10个左右的时候我就确定记忆卡有市场，平均下来512MB的记忆卡当时的市场价150～170新西兰元，1GB的记忆卡约200～250新西兰元，大概10倍的利润。

高昂的利润让我为之欣喜，于是我订了8万元人民币的记忆卡，将近400张！如果这400张能有10倍利润，我就可以在3个月左右赚上80万元人民币，哪怕只有8倍利润我也能在3个月赚上64万元人民币。我心情有多好不用描述了吧，光靠记忆卡一个产品一年就可以超过去年2倍的利润，这还不算现有的MP3业务，前景一片光明啊！然而，事情并没有那么简单，左眼跳财好像是中国的谚语，中国是在北半球，而新西兰是在南半球，这似乎预示了后面发生的一切。

假货危机

我进口的记忆卡到了新西兰海关一直都没有清关成功，我预感有点不对劲儿，打电话向海关问了情况，结果被告之货品需要抽查，暂时出不了关，我只好作罢。又等了好几天货物还不出来，再打电话过去，海关告诉我货品要做检验，要更长的时间，我的感觉更糟了，天天催海关，终于海关请我去喝茶了。到了海关后，海关关员告诉我，这批记忆卡不是正品，不能放行，只能销毁。起初我并不知道这是假货，如果我知道，再傻也不会一次进400张，没办法，海关是不会允许这样的产品流入市场的。这次算是个教训，以后任何有品牌的产品我都更谨慎，即使是2008年有段时间二手手机特别火，翻新机从国内运过去当二手产品卖都有5倍的利润，我都没有碰。

我做生意是有底线的，第一，违法的不做，第二，假冒产品不做。这一路走过来，我有很多机会接触有诱惑力的产品，比如仿牌产品，这个我周围很多人在做，但是我绝对不碰。不是我清高，只是因为在国外生活的人都很爱国，每当有外国人在网上辱骂中国产品是“rubbish，crap，cheap”的时候，我的心都会疼。我真的太希望中国的产品能扬眉吐气，我相信每个在海外的华人都这么想。

回到正题，由于被海关查验出假货，我打算休息段日子，便将生意托付给朋友。我回国去了浙江、广州等地，还去参加了广交会，顺便了解下有什么新产品可以做，最后返回南京。回到南京后，我做的第一件事情就是看房子，我准备买房子了。当时我手头所有现金加起来有400多万元人民币，南京的房价也不贵，每平方米1万元人民币左右，考虑到买了自己也不住，今后几年我还打算在新西兰发展，我就决定买办公楼，最后一口气买了三套。国内的朋友和亲戚看到我出手那么猛，以为我在国外中了大奖，卖房子的销售人员看到我这个买法也以为我是富二代。办好所有手续后我还有100多万元人民币的现金在手上，也就是这些钱害了我。拿着这些钱我不知道做什么好，四处寻思做些投资项目。

既然想做投资，无非就是房产和股市。起初我一直想投资房地产，在过去几年我熟读国外各种房地产投资书籍，对买房投资还是有不少认识的。我知道我可以通过生意创造现金流，然后走杠杆贷款买房这条路，这样我可以在30岁之前有10套无贷款的房子，但这条路显得有点没挑战性和无趣。我对完全能预测的路线往往提不起兴趣，我希望这余下的现金能有更大的回报，能做些更刺激的事情。

02

回国创业

股市里摔倒了

比起房子来，股市显然更加刺激，赚钱也更快。买了房子卖起来周期长，而股市兑现快，每天都有波动，随时可以买卖。我正好赶上2006年那拨大牛市，于是我就这么进股市了。股市总是让你先吃肉，进去后2个多月我的资金就翻倍了，赚了120多万元人民币。我惊喜万分，看来投资股市真是比实业快多了，2个月就赚那么多，人性贪婪的欲望一下子就被激发出来了。我幻想着这样做一年就可以买10套房子了，什么做生意都是浮云，哪有这个一本万利。

后来我就一门心思投入各种股市操作、买卖、研究之中，生意都不管了，交给女朋友和朋友管理，再后来的故事我想不用多说大家也猜得到吧。2007年5月30日股市大跌，11月大盘见底，那时我账户里还有近300万元人民币。可是我还是不甘心，那会儿就一个目标，赚到1 000万元收手。这个目标让我失去了理性

图2－1

和基本的判断，在熊市的时候没认赔退出。

最后，我鼓起勇气查看了自己的账户，亏损极其惨重，还有另外一个账户资金只有50万元人民币，估计也亏得很惨，我连密码都忘了。在2009年、2011年我也加仓了很多资金在账户里，每次都是把生意的盈利转入股市。股市的这段经历让我亏损的不是钱，而是近2年的时间，在2007年和2008年我都没有好好地做生意，放弃了好几次机会，那时的自己根本看不上“一般”的生意。终于在2008年我的现金流出现断裂，被逼进了人生第一个低谷。在这个低谷里，我学到了太多太多东西，让自己成熟起来。原来，成功真的学不到东西，只有失败才能学到，而且跌得越疼，学得越多。**股市的一战，可以说是彻底失败了，股市给我左右脸各打了一个响亮的巴掌，“叫你炒股，活该”**。

2007年这一年是我的本命年，股市上半年高歌猛进，下半年萎靡不振，我的生活被股市主宰了，这种生活让我就像傀儡一般。**老天要你灭亡，必先让你疯狂。**老天让我赚钱赚红了眼，把我捧上天，再一放手，一个跟头跌得我身受重伤。在2008年年初，我度过了极其痛苦的2个月，那种日子我至今记得，用言语无法形容。如果你炒过股，被大幅度套住过，也许你能体会。我曾经甚至想把房子抵押出去，好在我当时没有办房产证，也无法抵押，这算是不幸中的万幸了。

再回首

我一向不建议年轻人炒股，这是我自己吃了大亏后总结出来的最简单的经验教训。为什么不建议年轻人炒股？因为大部分年轻人没钱，如果你的可投资金额少于100万元，就千万别进股市了，100万元只是个入门门槛。从两个方面说，第一，长期来看炒股能做到年均回报25%就已经是世界级别的水平了，巴菲特年均收益就是这个数字。刚开始工作的年轻人拥有的资金很少，投入几万，十几万元就算做得很不错，一年也不过收益几万块，但是这几万块的背后是大量的时间、精力的投入，更何况95%以上的人是亏损出局的。第二，年轻人如果为了赚这点小钱耽误了自己最宝贵的学习和发展时间，真是太可惜了。大家可以算笔账，真的很不划算，有些年轻人可能会觉得不要听我的，这是挡他们财路。这些人最终一定会后悔没听我的，请注意我用的是“最终”。[1]

① 本段提到的货币单位为人民币。

归零

调整心态从头开始

经历了股市的失败，我知道自己进入低谷期了，我决定面对现实。我衡量了一下自己的情况，现金不足5万元，房子贷款每月近2万元，女朋友和我每月的生活费1万元。所有的现金都在股市，新西兰的生意收入全部用来缴税，前几年赚得比较多，所得税都拖到这几年交，总之生活很窘迫，基本上一下子成穷人了。最难过的是我每天都要想着股市的事情，看着账户一天天缩水，心里堵得慌，我全职做投资的想法肯定是不行了。为了调整心态，我决定找份工作先干着。我一直以为自己永远不会给人打工，没想到事与愿违，更悲哀的是女朋友也跟着我出来工作了。我去了南京一家民企的IPO部门，负责公司上市准备的工作，女朋友去了南京一家有名的设计所做设计师，我俩开始天天坐地铁上下班，在人海中穿梭。但我不服气，这不是我要的生活，目前我没有选择，只能先通过工作把股市的事情淡忘掉，再找机会东山再起。

在我工作的地方，我认识了一些对我很有启发的人，也是在那里我上演了一场翻身仗。去了这家民企之后，我认识了很多新朋友，渐渐地我对之前的损失释怀了，时间的确可以让人忘记一切痛苦。刚进入这家企业，我被分配到战略发展部，其实就是 IPO 上市小组，这个组包括我在内一共 5 个人，直接归副总裁管理。刚进公司，工作比较简单，主要是翻译与撰写和各个投行之间的法律文件。在我去公司的第一周，我都没见到我的领导。那位听说很牛的副总裁第二周终于来公司了，他简单地问了下我的情况后就让我干活去了，不过我可以感觉出他对我没有一点好感，在后面几周的工作中这种感觉更是明显。他从来不理我，即使我热情地与其交流，得到的也是冷漠，我真的摸不着头脑，不知如何是好。

怎么说我也算喝过几口“洋墨水”，翻译起文件来还是很轻松的，所以只要他给我文件，几十页的那种，我一般当天就翻译出来。即便这样，这位领导还是整天板着脸，感觉是我欠他钱一样，总之一句话，理谁都不理我。无奈之下，我只好求助同事询问为什么出现这种情况，同事告诉我原来公司之前也有个海归，从荷兰回来的，天天被骂。我遇到的这算好的了，还没被他骂过。我在想这是为什么啊，海归怎么招惹他了？

主动与老板“破冰”

考虑到我才来公司 1 个月，不可能因为这点小事就退缩，我决定要把这个问题解决掉。如果因为领导的原因，就辞职不干显得太没骨气了。我找了一个他看起来心情相对不错的时候，走进他办公室，表示要和他谈谈，看看他究竟为什么这么歧视海归。我一进门，他那高耸的眉毛马上皱了起来，对我说道：“干什么？”

我深吸一口气说道：“×总，我想和你聊一下。”他很奇怪地“嗯”了一声，我一看再不出击，估计没机会了，就没等他接上话，接着说道：“×总，您好像对我有点偏见，您能告诉我为什么吗？”×总也不含糊，直接问道：“你出国几年了？”我说差不多有六七年了，他冷笑下，跟着说道：“六七年，花了你家里不少钱吧？”我一听这话就全明白了，敢情这老总以为海归都是啃老族。不过分析一下也对，大老远镀了层18K金回来，拿着几千元的工资的确没几十年回不了本。我一看他是因为这个原因给我贴标签，顿时觉得没什么大问题了，就给他讲讲我二道贩子的事迹吧。

我说：“×总，您不知道，我出国读书家里人只供了我一年半的学费和生活费，之后5年都是靠自己的。”这话一说，×总来精神了，他问我：“你怎么靠自己，给我说来听听。”我一看他态度有变化，知道这事可以圆满解决了，于是就把之前的故事梗概告诉了他。听完后，×总态度360度大转变，立刻给我发了根烟，然后和我侃起了大山。我们聊了1个多小时，走时×总对我说：“你回家准备下，周五我带你去北京出差。”就这样我和×总的关系开始融洽起来，到了周末×总带我去了北京，先见了北京北大青鸟的两个CEO（公司和其正在处理一个重大的借桥贷款项目）；然后又见了北京Morgan Stanley（摩根士丹利）的几个负责我们IPO的高级经理；之后的几天，他又带我见了几个大型风险投资公司北京办事处的负责人和经理，我从他们其中一个人嘴里知道×总一直在夸我，让我好好干。

搞定领导后，可能很多人认为我会好好地干下去，我的确也很卖力地继续做了下来，和×总的关系也越来越好，参加各种活动他都会带上我，我也从侧面了解了×总的很多往事。×总是个很厉害的人物，20多岁的时候就是××税务局局长，好像是当年最年轻的税务局干部，后来他去香港做生意，也做得很好，但×总有个爱好，就是喜欢炒股和期货，这两样害得他损失惨重，具体数字我就不说了。这一点让我觉得和他产生了一些共鸣，并给我以启示，原来你就是再厉害、再聪明，在中国这个证券市场里想要长期混下去真的很难。这么牛的人在股市也栽了大跟头，这让我加深了对它的戒心。

看过美国证券市场故事的人都知道美国有个很厉害的人物叫 Jesse Livermore（杰西·利弗莫尔），这个人多次白手起家，靠证券期货成为美国巨富。在 1929 年他大举做空，甚至连老摩根都要找他帮忙，可以说是个风云人物。即便如此，Jesse 也多次输得一无所有，好在每次遇难的时候，都有人借钱给他翻身，所以 Jesse 的故事非常传奇。这么一个传奇的人物结局是什么呢？他自杀了。他自杀的时候留下一句话，“我的一生是个失败的人生”。**这句话让人颇为感慨，失败和成功只是一线之间。**

关于证券期货还有这样一个故事。在美国有一个基金经理，他知道自己迟早有一天会被股市拖垮，为了防止这一天到来时自己一无所有，他留了 100 万美元给自己的妻子，并且告诉她在任何时候都不要给他炒股，不论自己如何要求都不要给。这听起来应该毫无风险了吧？可是炒股的人都会有失去理智的时候，1929 年股市暴跌，这个基金经理果然输得一塌糊涂，在最后的关头，他想起自己还有 100 万美元在妻子那儿，就去要。起初妻子不愿意给，他疯狂纠缠不止，妻子最终没能坚持住，给了他，结果可想而知。

股市的事让我对很多事情有了另外一个层面的理解。例如，今天的股市只有 2 500 点，今天的金价是黄金当白菜卖，任何人进去都可以赚一笔，但问题在于你能全身而退吗？你退了后，能确保不再进去吗？要做到，真的很难。如果你炒股 10 年以上，而且能做到这些，你一定是个自控能力极强的人，你做股票浪费了，我相信你做任何生意都可以获得比股票更多的成功和回报。×总的故事让我加深了自己原有的认识，同时在思考，我在这个公司虽然过着白领的日子，可这点薪水，我要干多久才能重新站起来？我原先的傲气和志气就这么没了吗？这显然不是我的目标，我要重新站起来，新的事业在等着我。

逆境中的商机

只因一场游戏

一次偶然的机会，我参加了初中同学聚会。一群兄弟吃饱喝足后正想着去哪儿玩，有人说去 K 歌，有人说去酒吧，突然有个哥们儿说带我们去玩个好玩的，保证我们会喜欢。于是他带着我们近 20 个人来到南京新街口的新游坊，进了一家桌面游戏店，朋友说这是国外很流行的益智游戏，我说我在国外快 10 年了都没听说过，估计不好玩吧，否则我怎么会不知道呢。朋友说：“你别急，我们先玩会儿你就知道了。”

图 2－2

于是大家分成三桌开始玩，主持人（即老板）拿出几套精美的纸片游戏，然后开始讲解，我记得我玩的第一个游戏叫“矮人挖矿”，属于初级的团队合作游戏。我们玩了一把后，大家都学会了，也越玩越上瘾，觉得这太好玩了。大家热情高涨，玩了许多把这个游戏后，我们发现老板的货架上还有好多其他游戏，我们迫不及待地让老板再拿好玩的给大家玩。那天我们玩到凌晨两点多还意犹未尽，走前都说这东西太好玩了，下次一定要再来。事实正如大家所说，在后来的几周里，我们成了这家店的常客。

发现这个好玩的桌游后，我第一反应就是这东西太有市场了，大家玩得上瘾，费用也不便宜，一小时一个人大概要 20 元，对于当时还没有走出低谷的我来说，是个商机。我仔细分析了下这行除了太耗费人力外，其他游戏和饮料的收入都不错，一年一家店赚个 15 万元应该很简单。说干就干，在那会儿我已经没办法挑三拣四了。我没有多少现金，没有新的产品，也没有人脉，属于三无人员。我把这个想法告诉了公司和我关系很好的一个财务经理，她听了后和我去玩了几次表示有兴趣，愿意出资一半和我一起做，于是我们就开始正式地策划起来。

先交代下这个小生意合作伙伴的背景，她是我所在民企的 IPO 小组负责财务的人员。我走之后，南京这家公司收购了一家香港上市公司，现在她已经是上市公司财务副总监了，长期游走在香港和南京之间。很明显我们的计划最终没有成功，否则她也不在这家准上市公司了。不过做这个生意的过程很有意思，请大家听我一一道来。

Google 找供应商初体验

决定合伙做生意后，我们俩在每天午休和晚上的时间做准备工作。首要的问题就是游戏来源，德国的桌面游戏道具不便宜，普遍需要 300 元左右一套，而且由于桌游都是进口货，淘宝上卖的也不便宜。我们怎么说也要准备 200 套撑撑场子吧，这就是一笔不小的费用，没办法我只好自己去找货源。我们在网上查了半天才知道亚洲只有中国台湾和香港地区有卖，而且只比内地便宜10% ~20%，这么算到内地至少转了三手。我不甘心，就继续找，功夫不负有心人，**最终我运用Google这个万能的工具，加上自己的英语底子和搜索能力，把美国最大的桌游经销商找了出来**。没想到的是，我打破砂锅璺到底的性格在这个生意快失败时让我起死回生。这些后面我会慢慢道来。

我联系好美国的经销商后，就开始找货代。我还从来没操作过将货物从美国运到国内，而且还是海运的大货，DHL肯定是不可能选了，200多套游戏，至少400千克，用DHL费用太高。我在福步论坛“货代版”发了个帖子，论坛里的货代们如饥似渴，我一发布信息，立刻几十个人加我QQ，不管如何，货代问题解决了。很快我就下了订单，200多个桌面游戏道具漂洋过海来了。

货源解决了，紧接着就是场地问题，我和朋友商量着去大学附近找，进可攻，退可守。学生爱玩，到时候组织些学校的活跃分子让他们带来客源就行了。我们在学校附近找好房子并装修好后，准备营业了。开业前我们在南京的各大学生论坛做了宣传。同时，我和大学城唯一一个汽车站台前的报亭老板沟通了下，想租用他报亭外铁皮上的广告位。他问我给多少钱，我说让他开价，他说50块一个月，我差点没笑出来。永远都让对方先开价，这招很管用。这个广告牌后来给我带来了三分之一的流量，这个投资太值了。

投入产出不对等

开业前，我们找了每个学校活动部的学生和一些人人网上的活跃分子进行推广，大家都表示很有兴趣，也愿意拉人来。其实我“贿赂”了他们，告诉他们每拉一个人都有提成。开业第一天，不夸张地说，真是人山人海，为什么人那么多？很简单，免费嘛，第一天先让大家熟悉熟悉，认识新朋友。在开业的第一个月里生意一般，总体上略有盈利，主要客源还是靠学生会组织拉人。因为有提成，学生干得都很起劲儿，但弊端也慢慢出现了，我和合作伙伴必须天天在那儿，最头疼的是要教别人玩游戏，这个真的是太浪费时间了。后来，我反思过这段生意，虽然它有盈利，但是不值得我为了这点利润而长期做下去。大学生的消费能力太低，这点我之前饥不择食考虑不周，这类桌游要靠饮料和饭带动盈利，可学生为了省钱不会在这儿买喝的。更厉害的是，有些学生学会后，回宿舍做了套游戏，不用花钱来玩了。

总之，学生市场并没有我们之前想的那么好做，之后我和杭州一家连锁桌游的老板聊过，他告诉我他投资的桌游店凡是在学校附近的全部亏损。听完这些，我又仔细评估了下，觉得如果路线不对就要立刻撤。我和合作伙伴商量后决定再做 1 个月，如果没有明显起色就撤退。最终生意的确没有太大的改善，那就只能撤了，在亏损扩大前必须出局。撤是撤，可 200 多套游戏道具怎么办，我问合伙人，她告诉我她还是继续上班，这些道具随便我处理，这事她就不参与了。回想起当时，我还是蛮惨的，每天坐 40 分钟公交去游戏店，和一群大学生一起。我对自己说：**“兄弟，你真够落魄的，比狗还累，算是从天堂跌到地狱了吧，看你这次怎么翻身。”**说实话那时候真的很郁闷，属于想哭但哭不出的状态。从在国外风光赚钱，到在学校门口教一群小孩儿玩游戏，你说可悲不可悲。

无心插柳柳成荫

没办法，我只得千方百计把这些游戏道具卖掉。我当晚建了个淘宝店，把游戏道具都放了上去，由于 200 多套游戏道具只开封了 60

多套，其余 140 套都没开封，纯属装门面，所以我首先卖新的游戏。由于我的货是直接从美国买的，价格很有优势，我放到淘宝上后，立刻有人找我买，没想到这 140 套游戏道具不到 1 个月就全卖光了，其中有一个人买了我 50 套，也是去开店的。这 140 套游戏道具就赚了快 2 万元利润，你说这是不是无心插柳。桌游店开了 2 个多月，每天十几个小时投入，2 个人，一共赚了不到5 000元；卖游戏道具，140 个游戏道具，每天投入 1 个多小时，1 个人，1 个月赚 2 万元。后面我想不用继续说你们也猜到了，**我开始疯狂进游戏道具了**。桌游给我带来了现金收入，苍蝇肉也是肉，一个月几万元对当时的我来说还是很有帮助的。与此同时又一个机会出现了，一个和外贸非常相关的机会。

什么生意都做，不挑食

老朋友带来的新商机——验厂

突然有一天我收到以前在 Trade Me 大卖家聚会里认识的 David 发来的邮件，他告诉我他最近从中国进了几批货，质量不是很好，问我是否有空帮他去工厂看下，我欣然同意了。由于工厂就在合肥，离南京比较近，到了工厂后，我用我的数码相机，东拍拍，西拍拍，对照着 David 发给我的产品图片，仔细地和厂家提供的做比较，检查包装的唛头，简单地看看产品是否能正常使用。厂家也非常配合，中午还盛情款待了我一番。回去后，我用 Word 做了个简单的情况报告发给 David，告诉了他我发现的一些小问题，与厂家沟通的结果，以及后面要处理的问题。

David 收到报告后很开心，给我打了 400 新西兰元，约合人民币 2 000 元。我在想，像 David 这样的外国商人应该有不少，来中国检查工厂不太现实，但如果不过来看，又不放心。这种情况肯定需要有人在中国帮忙，如果我能提供这样的服务，不是很好吗？既可以帮老外解决问题，又可以增加收入。

想到就做，这是我一贯的作风，我马上了解是否有类似的人或者公司在做这类事情，我之前只知道一些大型的检测公司比如 SGS、

ITS、BV。仔细调查后，我发现提供这类服务的公司还真不少，各种各样的，收费都在200～300美元一天。这个生意的模式非常好，预付，现金结算，无固定资产开销，投入的是纯人力成本，可扩张。唯一的难点就是如何和客户建立信任关系，让客户知道你有这个服务。

简单分析好情况后，我需要做更详细的计划。到底是采用网络营销还是线下营销，是做展会还是做邮件营销，是招全职工还是招临时工，产品怎么包装，验货报告怎么出，是否需要资质，目前行业内做得最好的人收入多少，平均收入多少，客户是针对国外小公司和SOHO（指居家创业人员）还是针对国外大中型公司，所有都需要计划好，而刚开始只有我一个人。我手头的桌游道具销售已经很稳定，虽然利润每月都有一点下降，但销售额在增长，所以暂且能持平，这些新增的现金流显得格外重要。

经过一番调查后，我发现质检验货这行存在暗箱操作的情况。验货公司也怕这个，这些验货员多数是不可控的，而外国的一些小公司根本不知道还有这个情况，了解这些道道的人多数也在中国有过不少“经验”。面对这个问题，我唯一能做到的就是减少这类事情的发生。

制订详细计划的同时，我结交了广州、深圳、浙江、江苏的一些验货员，了解了这行里的一些规矩，尤其是订单来源，这个很重要。**很多刚创业的朋友容易冲动，想当然地认为做个网站就有订单了，再不行投点广告，弄个Google AdWords就行了，这样的做法基本是做不起来的。一定要对行业有所了解，创业成功概率才会大增。**最现成的例子，牛根生在奶业摸爬滚打几十年，最后一做蒙牛就和老东家伊利平分秋色。年轻人一定要有积累，我自己积累也不足，没资格教大家，只是一些肺腑之言。

不管怎么说，销售的路子有了，下面要做的就是产品，产品就是验货报告、验货标准。虽然这个听起来很难，但是只要你不碰化工、仪器产品，只做日用品和简单产品的话，其实很简单，至少很容易上手。你只需要了解些基础的知识，比如 AQL（Acceptable Quality Limit，接收质量限）抽样表怎么看，哪些产品应该测试什么之类的。我的下一个任务就是拿到行业里的验货标准。基本摸清楚行业标准后，我就需要解决团队问题和销售方式问题。网络销售和线下销售之间的区别是巨大的，要知道不是所有行业都适合线下销售，更不是所有行业都能做网络销售，所以调研和实验变得相当重要。

在和几十个行业里的人以及终端客户沟通交流后，我感觉质检的业务大多来自线下，网络上以小客户居多。小客户几个月才出货一次，所以对质检的需求很小。而线下的大客户一般是不上网寻找质检的，都有专门的人负责，而且这些大客户一般都会和 SGS 之类的品牌服务商合作，一来知名度高，二来即使出了问题，领导也无法怪罪下来，毕竟已经选了最好的了。这时我在想我怎么定位呢？**小的接得累，大的接不到。相信很多创业的朋友都有类似的苦恼。**

构建新生意基础

定位自己要结合实际情况，我发现虽然小的单少，大的难接，但是我细分出了真正的客户，属于我的客户，那就是介于大和小之间的中型客户，简称中户。这些客户必须满足下面条件：

- 国外私营非大型企业（只有自己开公司，才会知道节省开销，才会寻找高性价比的产品）；
- 每个月都有货从中国出；
- 对质检有意识，有需求，不需要太多的教育。

满足这三点的客户基本符合我细分出来的市场，这些客户是我的目标用户。我不需要花费大量的时间告诉他们质检的重要性，也不需要担心他们只选择行业中最大的质检公司，因为他们要的是性价比，这才是我能合作的客人。

我花了两周的时间埋头把收集的所有质检报告，以及每个大的质检公司对不同产品的检测标准集中在一起。如果没有接触过这行的人，一定认为质检很难。实际上对于大部分一般的质检产品来说，其实很简单，外国商人选得比较多的是出货前验货，其次是 IT 审核和验柜，这些工作量并不大。当时我处的地理位置并没有优势，在江苏，第三方质检这行很多人都不知道，招人成了下一个重点问题。

外国商人订货可没规定一定要从江苏进货，所以客户未来需要质检的地方可能散布五湖四海，这可不是几个员工可以满足的，加上从江苏飞到其他城市的机票也不便宜，所以必须解决这个问题。解决这个问题最好的办法就是每个城市都有一名验货人员，这样无论客人要求去哪儿验货，我们都能满足，可实际操作起来这也不现实，这得要多少人啊，投资成本太大。我想了一个起步的办法，注册一个智联招聘账户，在全国每个省会城市都招验货员。在智联上发出招聘启事没两天，我就收到全国各地质检员的简历，我花了几天时间把每个城市的质检员分类，然后一一给他们打电话，问他们是否愿意兼职，90%的人都说愿意，因为质检员大多数都想赚点外快。根据经验多少和产品的难度，他们兼职一天一般费用在 300 ~ 500 元，所以很少有人拒绝。我的电脑里记录了来自全国各地的质检员的资料，无论客户要在哪儿质检，我 1 小时内就可以调人过去，就这样人员网铺好了。对于处在初创时期的质检事业，这已经是比较好的选择了。

质检员都敲定之后，需要解决的就是公司内部人员的问题。当时我迫切需要两名英文特别好的销售员，也许是运气好，还真被我找到了。这两名销售员都是刚毕业的女生，英语专业八级水平，最理想的是都获得过全国口语大赛的名次，这很重要，因为很多时候我需要他们和外国客户电话沟通。不可否认的是女销售员的确比男生更容易接单，特别是在面对面的谈判或者电话沟通的时候。有了业务和人之后，要做的就是推广和接单了。最初我采用的是网络推广，网络推广是我的强项，一开始我主要集中在 Google AdWords，每天花 80 美元左右做营销，大家可能觉得很贵，其实我更希望能花掉 800 美元，为什么呢，因为我们计算过，每花 80 美元，大概可以给我们带来 13 个潜在客户，这样平均每个潜在客户的成本大概在 6 美元左右，这个价格还是很便宜的。根据第一个月的数据，13 个客户我大概能成交 1.8 个订单，质检的费用在 250 美元一天，平均一个客人一次消费在 350 美元以上（一般客人质检需要 1～2 天，或者需要最终检查 + 集装箱装箱两个服务），**所以从表面看，Google 广告给我们带来的收益很不错，350×1.8=630 美元，630－80=550 美元，也就是在 Google 每投资 80 美元，带来的销售业绩是 550 美元，这还不包括这些客人以后再和我们合作带来的业绩，所以客户的终身价值是超过 550 美元的。**

这就是为什么我恨不得每天能花掉 800 美元的原因。当然如果你乱投，或者不懂投放技巧，别说 800 美元了，8 000 美元一天也能烧掉。由于我投得非常精准，所以很难再扩大规模。公司上线第一个月就获得了很好的盈利。网络上的推广虽然顺利地开展着，但是光靠网络是不行的，线下也得上。毕竟许多外国客户不上网找这种服务，甚至很多中小公司根本没听过质检服务，必须到用户的身边宣传，那么外国商人最多的，我又容易接触他们的就是广交会了。广交会中公司品类众多，要大公司有大公司，要皮包公司有皮包公司。其实当初我还考虑去香港的展会，那里的外国商人数量也不少，但是最终还是决定第一次就近选择。做这个生意的初衷是因为我股票被套住，亟须现金周转，所以才找了几个毛利高的生意来做。由于这个原因，让我付费参加广交会是绝对不可能的，那如何免费参加又能接触外国商人，让他听我说自己的产品呢？

低成本推广

说来也巧，我之前也不记得在哪儿看过一种可以保护手的袋子提手，去过广交会的人都知道，每个人手上提几个袋子装资料是不可避免的，但是这个袋子提起来很勒手，如果用了这种袋子提手保护套可以解决这个问题，提着袋子很舒服。天助我也，我把这个袋子提手发给外国商人不就行了，不收费，没人会拒绝吧？那我怎么做广告呢？也很简单，在提手上刻上我公司的名字和网址就行了。就这样，我找了一个浙江厂家下了十几箱提手的订单。一切就绪，就等着去广州了。

图 2 -3 是提手的照片，这个提手和我以前订的完全不一样，以

图 2 -3

前的更漂亮，而且可以放广告的空间也更大。我觉得那会儿我真是被逼的，想尽办法用最低的开销去做推广，其实做推广我觉得最重要的就是执行力，我相信想到各种好点子的人很多，难就难在有多少人去做了。在广交会发出去许多提手保护套后，我也收集回来不少名片，送了老外东西后，再问他要个卡片就很简单了。回到公司，我带头开发，公司的几个小丫头英文非常好，那会儿真走运，能招到这么好的人。广交会过去几周后，我们的网站流量增加非常多，陆续来了不少询盘和小订单，但是我们不缺小订单啊。公司一直在网络上接的就是那些几个月才下一两单，每单500～600美元单子的业务。不过，功夫不负有心人，终于有一天我们等到了大单。

可是订单太大了！它要我们去华为验货，我们一看发来的资料，太深奥了，都是机械图纸。这样的单我们当然没能力做啦。

图 2－4

直到第二个月我终于等来了有品质的咨询，有个土耳其客户给了我们一个一个月 15 单的活。后来我们陆续也收到了不少比小单大点，比大单小点的订单。

对于这个生意我很满意。因为这个生意，我，一个一窍不通的外行人，成立了公司，并且比大部分做了三年的小检验公司做得好。

我做这些的初衷都是为了弥补股市的亏空，我并不满足，一直在边做边等待新的机会。

再回首

股灾后的那段日子是我最痛苦、最悲惨的时期，好在当时的我还有那么一点冲劲，也正是那点冲劲救活了我。对年轻人来说，与资金、学历、项目相比，我觉得最重要的就是你要有想往上爬的冲劲，有了这种力量和激情，很多困难都可以克服，这才是我的核心竞争力。

03

等到翻身的机会

油画！油画！绝佳商机

我终于等到了千载难逢的机会，打了个漂亮的翻身仗。

其实任何的机会都不是等来的，我相信当你用尽全力去做一些你认为正确的事情的时候，老天会给你打开一扇窗户，让你看到一个机会。只要你真努力了，一定有机会。

我见过很多人抱怨，社会不公平，自己已经很努力了，但依然没机会，请你们扪心自问：“我真的用尽百分之百的努力了吗?”**辛苦不代表努力，我说的努力是当我们遇到困难的时候，唯一想做的就是克服这个困难，并愿意为此付出一切努力去尝试，我敢说百分之九十说自己努力的人并没有真正努力。**

在我事业低谷期的时候，我每周都会花点时间看看新西兰的零售产品趋势，什么产品不好卖，什么产品好卖，大大小小机会很多，但始终没有让我看到值得放弃手头几个生意，毅然决然回新西兰的契机。直到有一天，我看到油画在新西兰有要火的趋势。

说到油画这个产品，我早在 2006 年就进过一些做试卖，当时根本没人要，卖不上价格，不适合走量。这次似乎完全不同了，我并不是第一个在新西兰卖这个产品的，在我决定要卖的时候，已经有两三个大卖家了。说实话，我也不建议大家做第一个吃螃蟹的人，跟着趋势走最合适。

还是老规矩，先细说一下我如何发现这个商机，如何找货源，如何做海外市场，以及如何做到新西兰在线油画销售第二名。

油画生意还要从我离开那家准备上市的公司说起。从公司辞职之后，为了增加收入，抵消股市的损失以及支付生活的开销，我不得已从事了些前面提到的小生意，进口桌面游戏道具以及质量检测。虽然这些小买卖都能带来不错的收益，但是比起我股市亏损的数额，还相差很远。就因为这个原因，我时刻关注着新西兰这个我最熟悉的市场，静悄悄地等待着一个机会。终于在 2009 年的一天，这个机会来了。

我看到油画在新西兰市场有异动，关注的人数激增，拍卖的价格很高，需求很大，最关键的是供应不足，能察觉到这种异动得益于我坚持了一年多的观察和之前多年的经验。我记得当时在新西兰卖油画的华人商家不超过 3 家，其他国家的商家不超过 4 家，比起几年后的华人加其他国家商家百余个的局面，可以想象当时那的确是片蓝海。察觉到这一商机后，当晚我又一次激动得没睡好，这种久违的感觉又来了，这一次的感觉和上次发现 MP3 商机的那晚一模一样。

我感觉到翻身的机会快到了，当时我所面对的问题主要有四个：

- 我对油画一无所知；
- 对货源一无所知；
- 对国外销售这类产品的规则不了解；
- 对国外这个产品是否真能热卖不确定。

当然，想创业就要冒风险，如果都确定了，机会早已错失，只要有四五成把握就值得尝试。于是，我决定把上面的疑团全部解开，大干一场。对于正在迷茫地找产品的朋友，我想说我当初的状况和大家没有太大的区别，只要你认准一件事，决定要干，大部分困难是可以被克服的！

如何开拓一个新产品

在创业的时候，除了直觉外，一些基本的数据还是需要了解的，贸然进入一个市场很可能会受到灾难性的打击，我的股票投资就是如此。做生意有的时候和买股票一样，你需要考察这个行业，它是朝阳行业（如消费类）还是黄昏行业（如光伏太阳能），了解好行业之后你还需要知道你投资公司的主营业务是什么，主营产品是什么，哪些产品带来毛利最高，现金流如何等。投资需要做很多功课，我之所以在之前的投资中失败得如此惨烈，最主要的一个原因是我把投资和赌博当成一回事，不研究，买的那些公司我连他们是做什么的都不清楚，其风险可想而知，带来灾难性的结果也是必然的，只是时间早晚而已。

有点跑题了，虽然我的股票投资有些盲目，但是在做生意上我是非常谨慎的，不打没有把握的仗。在油画这个生意上我有个最大的安全边际，当时新西兰市场一幅画可以卖到 200 新西兰元，即人民币 900 元左右。我完全不懂油画，需要了解大概成本，就在淘宝上随便看了些卖家，基本相同的画成本在人民币 150 ~ 200 元，这就是安全边际，也就是我的产品成本最高也就是淘宝价，而卖出的价格可以在 1 000元。如果再仔细找找厂家，价格肯定更低。就这么一个“安全边际”让我决定做这个产品。

我在百度上搜索了下油画的生产地，是厦门乌石浦和浙江义乌，因为义乌商品品类过于丰富，潜意识告诉我厦门乌石浦应该是首选。其实，当时最大的油画产地是深圳大芬村，当时我居然没搜到那里。还好没搜到，因为次年我们把油画做起来后，我去深圳考察过，根本无法找到厦门那种性价比的油画，所以人有的时候也需要点运气。我到油画的生产地后，我就立刻订了隔日的飞机票前往厦门，到了厦门后，我联系了当地十几家比较大的油画商（全部来自百度搜索），准备逐个约见他们谈，同时我也逛了一遍乌石浦。在那里的很多小区里家家都是工作室，我感觉我来对地方了。在约谈之前，我通过走访搞清楚了原来油画是按平方尺卖的，之前我完全不清楚，在大大小小的画铺里“速成”了一下油画知识后，我知道要问什么问题才不显得太业余。

我一个个约见供应商，主要考察他们的公司大小、人员情况、案例展示，同时，参观工作室。谈价格吗？不谈。

在参观完每家工作室前，我都会告诉他们两个信息：

- 这次来我就要选定供应商；
- 后天回南京前我就要下两个货柜订单，然后每个月都下订单。

这样结果可想而知，供应商纷纷约我吃饭、洗澡、按摩。我一个都没去，只是告诉他们：“明天上午前把你们能做得最好的油画每平方尺价格发短信给我，前提是一定要保证质量。如果合适，明天下午我就来选货下订单；如果不合适就当交个朋友，以后有机会再看。”当晚，我的手机短信就响个不停。

图 3－1

次日早上打开手机，无数的短信涌进来，简单明了都是单价，这个时候的价格可以说是最透明的。最后，我没选最便宜的，也没选最贵的，而是选了一个当时参观感觉规模不错，老板人也很好的一家。这个老板姓林，原本我想再压个价，在这个关键点要压价很容易，但是他们报的价格已经低于我的预期，所以我想想算了，保证质量最重要。就这样在林总那儿待了两天选画，下订单。之后我返回南京，马上订了回新西兰的机票。**此时已经没什么好犹豫的了，翻身就靠这个。**

一张机票，说走就走

这次回新西兰，除了父亲送我之外，还多了女朋友送我，这还是我们第一次分开那么远。上了飞机，一切都是那么熟悉，同样的目的地——基督城。只是这次我没有了第一次的那种对未来的迷茫和期待，仿佛是在打一款已经通关的游戏，对下一步很熟悉，要做的事情就是顺利地把所有关卡再走一遍。

整个旅行持续了十多个小时，又一次来到这个曾经奋斗过的城市，在这里我要以比以前快几倍的速度重新站起来。

安顿下来之后，我就着手做一些准备工作。油画已经漂在海上了，半个月后就会到达惠灵顿港口，再由内海转到基督城，现在，我的首要任务就是找仓库。办完仓库手续之后，我又买了一辆车日常搬货用，接着注册好新的公司，约谈了一些货运公司，一周之内将所有的事情都搞定了。

货物终于要到港口了，安排清关公司做好接收工作，缴纳完税金货物顺利进入我的仓库。一切都很顺畅，但我没有任何激情，因为这些我都做了很多年了，感觉像在做机械运动。

一切都准备好了，就看市场是否能接受我的产品和我的眼光了。卖画嘛，眼光很重要，和卖衣服一个道理。

尽管之前做了很多调研工作，了解了新西兰现有卖家卖的画的样式，美国易贝上的样式，以及国内供应商提供的样式，知道不同地区人们的喜好，但是我还是比较保守。同款数量没敢多订，而是样式多，第一批货就有200多款。

正如我前文所说，Trade Me的卖法有竞价模式、一口价模式和隐藏底价模式。我一直用的都是竞价模式，也就是1新西兰元起拍。这种方式最大的好处就是可以自己掌控库存，而且可以控制好销售节奏；劣势就是如果我们放出去的货加上同行放的货太多，那么供需平衡就打破了，价格也会随之下降。**最初我选择的打法是销售为王，采用竞价模式，原因很简单，因为起步阶段竞争对手很少，华人竞争对手3家，其他国家商人有4家左右，这是个非常好的局面。其他国家商人的画是在当地手工画出来的，人力成本高，且无法量产，因此，他们的画卖价很高，而且存货少。这个市场需要他们把价格顶起来，从定价来看他们是这个链条的最高层，而我们的画都是进口艺术品，成本可以忽略不计。其实我每邮寄一幅画，在邮费上多收取的部分就和油画成本等同，也就是邮费上我也有利润。这也就意味着我们的画只要卖2美元，就可以盈亏平衡。新西兰本地的艺术家要知道这个，估计会吐血了，因而我真正的竞争对手只有一个当时做得很好的中国商家。确切地说，他也不是竞争对手，因为市场还是蓝海，足够我们两家瓜分。我决定采取激进的打法，以占领市场为首要任务。**

附带说明一下，油画都是带框的，邮费成本比较高，每幅画的邮费我收客户25新西兰元，而我和当地的快递公司谈了个比较低的价格，成本为7新西兰元左右，也就是邮费就有18新西兰元的利润，按当时1∶4.5的汇率算，比画的成本还高，所以可以理解为我的油画本身“没有成本”。这也是我最初看好这个生意的重要原因之一，就算做不成，也不可能亏本。

我看了下那位中国商家半年多卖出去的 2 000 幅画，再看看价格，估计半年至少 600 多万元利润到手了，现在我要和他分利润了。与此同时，我当时亏损很多的万科 A 股票开始上涨，2009 年，我要从低谷里爬起来了。很开心，第一次觉得“坐电梯”的感觉如此美好。

前面说过，运费的差额基本上已经抵消了油画本身的成本，这个机会很难得也很重要。因为油画和以前我经手的产品不一样，以前的电子产品都很小，运费很难收很高，而大件的好处就是东西大了，消费者的固定思维是运费的上涨是合理的。其实寄大件和小件的运费几乎一样，只是所选运输公司不同而已。即便运费不赚钱，油画的利润也很高，更何况现在成本都省去了。很明显这是一个难得的好买卖！

开卖！

万事俱备后，我拿出一些画陆续放到网站上进行竞价拍卖，测试下市场反应。由于我已经非常熟悉 Trade Me，所以使用什么方式卖，投多少竞价广告我都心中有数。不过我毕竟有段日子没用 Trade Me，也没敢像以前那样用一天竞卖，而是用了两天和三天模式先让大家意识到有新商家加入了。我每天放出 15～20 幅画，经过两三天的竞价，价格都拍到了每幅 200 新西兰元左右，这可是相当高的一个价格。别忘了，我的画成本为零，海运费也只有6 700美元，分摊到每幅画几乎可以忽略不计，扣去增值税和所得税后每幅画利润有 150 新西兰元。首战告捷，几乎每天都有人民币1 万～2 万元的纯利润产生。我知道这次我肯定会翻身，没什么悬念了。

初入油画市场捞金

就这样经营了一个多月，我发现均价开始下移，从原来的 200 新西兰元下降到 190 新西兰元左右。考虑到新西兰市场实在太小，我估计这个价格还会不断下降，这就意味着我的利润会不断下降。我得想点办法把这个问题解决或者说尽量减缓利润下降的速度，我采取的第一个措施就是给所有的画单独拍照。由于之前都是厦门的供应商提供图片，效果不是很好，比如一些 1.5 米宽的画拍的感觉 1 米都没有，这会影响用户出价。但是给数百幅作品拍下照片非常耗费时间，**尤其是我刚把整个过程流程化。流程化我觉得很重要，可以提高我们的效率，比如说每天上传什么油画进行拍卖，库存多少，我都已经用软件搞定，完全不用守着电脑，每天我只需要工作3个小时就可以了。**1个小时回邮件（集中回复最省时间），2个小时发货，每天发出40～50幅画。其他的时间我用来摄影，那段时间我正好爱好摄影，喜欢到处拍。这本书第一篇我遛着狗的照片就是我的摄友在那段时间拍的。

如果要给所有油画拍照片，必然加大我的工作量，不过看着均价一个月就下降了5%，我只得凭借刚入门的摄影水平给这些作品拍起照片。**没想到这一举动激发了后面我想出的另一招，赶超对方毛利50%以上的办法，看来万事皆相连啊！**

今天回头看，在新西兰如果你想有定价权，就要牺牲销售数量，如果你想有不错的销售数量就要放弃定价权。其实说白了就是商业的供需关系，只不过这个供需关系在新西兰市场更敏感，敏感到我一个人的力量都可以让这个需求产生变化。这说明什么，有兴趣的人可以思考一下。

图3－2

虽然说给油画拍照耽误了我很多时间，延缓了我开发后续产品的时间，但是也正是因为摄影的过程开拓了我的思路。在享受了近半年的“无竞争、无公害、高回报、低投入”的竞争初级阶段之后，格局产生了一些变化，卖家多了，大家看这行赚钱就争相涌入，此时的竞争比电子产品那会儿激烈多了。2009 年，很多华人开始做小生意，干什么的都有。慢慢地卖画的人多起来，竞拍的价格也慢慢下移，虽然速度还不快，但我知道有一天会变成零利润。目前只有两件事情可以做：

- 增加更多的热门产品；
- 延缓降价趋势。

这两件事情我都做了。但是先做的是延缓降价趋势。和以往做电子产品的时候一样，我简单分析了下市场上的竞争对手，将他们分为几个批次：

- 比我早做的华人，这一类其实就一两家，目前销售量基本和我差不多，销售价格也差不多；
- 比我早做的其他国家商人，他们的销售量无法和我比，因为其他国家商人没人力资源优势，就算一个人 24 小时不停地画也画不出多少，且售价略高，毕竟是原创的产品；
- 聪明的其他国家商人，他们先画底稿，再找中国油画商按着底稿复制油画，然后再从中国进画，最后运回新西兰标榜是自己画的；
- 真正的艺术家，这类人的作品售价很高，是我们售价的 2 ~ 3 倍甚至 10 倍，但销量很低，都是本土艺术家；
- 新进的华人卖家，这一类人胆子小，好像没有像我这样刚开始就敢进货柜的，都是小打小闹，暂时成不了气候，但一旦他们发现利润高胆子会变大的。

探索实景油画市场

这么一对比，我并没有太多优势，唯一的优势就是进入时机早，库存够多，款式还算可以，但和其他国家商人比就差远了。有一天，我突发奇想，为什么不能把我拍的风景画画成油画呢？这些都是当地的风景，当地的客户肯定接受程度比较高，而且市场上卖风景油画的人并不多，仅有的几个都是很粗糙的画。懂点油画的朋友应该知道，写实的油画和照片一样，非常漂亮。我觉得这事儿有前景，当时对画一无所知的我并不知道这样的画价格高，一直以为它和抽象画的价格一样，联系了上次去厦门收集的画商们，才发现不是那么简单的事情。

风景画的成本要比抽象画高很多，但我想到可以把风景变成油画就很激动，毕竟市面上还没有这么精细的画。写实的油画所花费的时间和需要的功底远远超过抽象画。去过深圳大芬村或者厦门乌石浦和海沧之后，你就可以看到中国的批量油画产业是如何生产的。很多画师手下带几十个徒弟，来批量完成订单，而这些徒弟的水平参差不齐，有的就只有几个月的经验，他们画抽象的油画没什么问题，但是写实的油画没多少功底肯定画不出来，这么一来成本就高了。再高也值得一试，从一批画商那里，我对写实油画的价格有了大概的了解。写实还分很多种，有的非常精细，有的半写实。我看了些半写实的作品之后，决定先从半写实下手，这个价格比较便宜，只比抽象的报价高了50%，对于这个毛利的产品来说，提高的这点成本不算什么。

我选了一些自己拍摄的得意之作发给了画师，但被告知有些画是画不出来的，我简直把画师当复印机了。那么，画的素材是个问题，如何挑选合适的素材，还是得借助万能的Google。我搜索了新西兰各个著名的景点和畅销的美术作品，发现新西兰人特别喜爱有山的画。根据这些标准，我特地买了几十张摄影师的作品版权，这样后期再卖画的时候，我可以写上“×××作品”，对提价有极大帮助。但是要等画师画完再海运过来实在太费时间了，为了尽快拿到写实作品并且测试下市场，我进了 50 幅样画，不带框，直接空运到新西兰。其实，我心里还是有顾虑，因为没有框的画是比较难卖的，在新西兰给一幅画装个最普通的木框都要 400 多元人民币，这个价格是我一幅抽象画价格的 6 倍。如果不带框卖油画，我担心价格上不去，买家会下意识地减去框的成本。

起个名字就涨价

风景油画到货之后，我首先要给这些画起个好名字，在恶补了一下艺术品起名的方法，查看了很多美国卖画的作家的网站，学习了他们的起名方法后，我一下子感觉自己也是个文艺青年了。

我在网上疯狂地看美国现代抽象画家的作品，2009 年那会儿比较流行的是 Lena 这种风格，很多国内画室都喜欢模仿这个风格。我的主要目的是学习她怎么给画命名，有的画作加个好名字价格就能上去，可见有个好名字多么重要，**以致后来在国内创业的时候我也比以前更注重名字。**

在学习了很多起名方法后，我开始给即将要到的 50 张样品画起名字。起了 20 多个名字后我实在没招了，我自认英文写作不差，但是这名字太难起了！五六幅同样的山水画，你说怎么起名，我的脑细胞很快就被榨干了。没办法，只能请外援了，这活不是我这种没艺术细胞，非母语的人干的。我到威客网找专门写文案的人给起了些名字，算是解决了这个问题。

油画这东西不绷好框真是不怎么好看，一绷起来效果完全不一样。之前我已经咨询过在新西兰装木框的价格，非常昂贵，但是我还是不死心，想再多想想办法，总觉得没框不太好销售。于是，我就混进油画爱好者和学习者的论坛，企图从中获取新的渠道。通过努力，我最后找到了一些人，他们愿意帮我们 DIY 做，做一幅画要 30 新西兰元，还要隔两天交货。没办法，备选着吧，也无法长期用。

没几天，我收到清关公司电话说货要到了。给我服务的这家画厂真没话说，每幅画都给我拍好了照片，并且修过图，还放好背景画方便我宣传销售，这让我省了不少精力。

货终于到了，我除了兴奋还有点紧张，这事儿到底能不能成，我心里没底，毕竟市场上没什么参照物，丑媳妇要见公婆了。

画拿到手，我决定当天晚上就放几幅画去拍卖，老规矩 1 新西兰元起拍验证市场价格。经过一些简单的图片处理，这几幅画终于在晚上全部上线，3 天的拍卖期限，清仓！我清楚地记得我卖掉的第一张画也是最贵的一张，“Queenstown View”这是一幅以新西兰南岛著名景点，电影《指环王》的拍摄地为背景的油画，经过 3 天的激烈拍卖，最后以 490 新西兰元的价格成交了！兄弟姐妹们，这是一幅没有框的画！是一幅成本为 85 元人民币的画（约合 18 新西兰元），最终卖出了 27 倍的价格！首战告捷，我的创意得到了巨大回报。我印象中这也是我做贸易以来单笔回报最高的一次，以前的 MP3 利润再高也没超过 10 倍。只有计步器以 2 新西兰元成本购入，40 新西兰元售出，利润也只有 19 倍，而且是低价格的产品。

回顾这件事，暴利本身只是表现，之所以能有高利润，是因为做了微创新，“好的题材 + 优质的画 + 别人没有/或者慢于我们 + 竞价拍卖”这些综合因素，才导致了这幅画卖出如此高价。更出乎预料的是，买家当晚就转了钱。这笔交易圆满地结束了，这让我信心倍增。我快速地上架了手中所有的写实画，它们都是新西兰各地的风景，最终全部以 200 ~ 400 新西兰元成交。于是我更大批量地进口写实油画，而且是带框的。写实油画比抽象油画要耗费时间，我被逼把单子拆分给多个画商共同完成，这也是好事，从管理上看，这种被迫地拆分对日后我们稳定进口价格和质量起了很重要的作用。

阶段性小结

高利润是所有刚步入商海的人的追求，谁不想在最短的时间里积累最多的财富呢，然而高利润也会带来两个严重的弊端。

- 高利润持续时间不会很长（必然有竞争产生）；
- 高利润产品做久了，低利润产品就看不上了。

这两点可以害死人。历经多年摔打，我才悟出整个交易中赚钱是次要的，它只是个结果，提高自身管理、人才积累、商业能力才是最重要的。一个短期，一个长期。注重长期有做不完的生意和机会，注重短期就只有一锤子买卖。当然要达到长期目标有个过程，需先满足最基础的物质需求，再追求精神需求。大家心里要有个底，追求提高自我商业综合能力才是关键。

一些产品毛利低，但总净利润不低，拥有这些产品的公司依靠“周转率”获得高利润。比如就在我身边的苏宁电器，虽然单件产品的利润不高，但是它通过快速周转提高了利润。国外最厉害的就是沃尔玛，毛利低得几乎为零，但是凭借着周转率高，利润依然非常高。

回头看，我们在 Trade Me 的销售方式是对的，1 新西兰元起拍，能控制好高的周转，我们每天可以放许多个产品进行 1 新西兰元起拍，一定能拍掉，只不过最差的结果是 1 新西兰元。这样的好处就是你能控制量，可以避免库存积压。当进入一个新市场，产品利润比较高的时候，非常适合这样销售。你可以享受到“高毛利 + 高周转”的双重福利，这也是后来我发现的我们几个人的小团队可以产生别人几十个人的大团队的利润的秘诀。

高周转带来高毛利，而好的产品展现方式也会带来高成交率。人与人之间的信息永远是不对等的，我们掌握的产品信息和外国客户掌握的也是不对等的，你的产品可能很厉害，但在外国客户眼里可能很一般，因为他了解的没你了解得多。所以，如何展现商品显得至关重要。**这个我后面介绍做米课的时候会重点解释，米课如何通过一系列的产品展示方式获取合理的利润。**

我自己找货的时候，特别喜欢找网站做得差的，这类网站一般收不到询盘，但其产品未必差，只是不会营销而已。试想有多少工厂会把产品照片拍好？能统一背景去拍就不错了。虽然我理解国内有好产品的公司未必有好网站，但外国客户不理解这点，做外贸的朋友们总不能指望他们都是我这样的客户吧，毕竟我是少数。

我回忆我所有供应商的网站都非常烂。2009 年我首战告捷，2010 年回国看供应商的时候，说实在的我心疼，因为我的供应商人真不错，对待我们的产品和货都很认真和细致，价格也好，但是生意并不算多好。想一下也是，深圳、厦门全是卖油画的，水平实力没有本质上的区别，所以小的油画商家很辛苦，只能靠客流和运气获得订单，我觉得他们的劳动没有获得真正的回报。我和他们聊天，聊的就是如何提升他们的网络形象，我希望他们越做越好。值得高兴的是，他们随后就开始筹办网站和摄像。**有多少外贸公司连这点意识都没有？当然没想到的是四年后我居然用这些想法又做成了一家公司——米课。**

实景油画让我尝到了甜头，也看到了差异化能带来的利润空间是巨大的。当我的竞争对手还在卖同质化的抽象油画的时候，我的实景油画真的可以算是横扫市场了，卖一幅画抵以前好几幅，这让我再一次有了最早做电子产品的感觉——赚钱赚到手抖呀！图 3 - 3、图 3 - 4 是我卖的两张新西兰风景照油画，请大家欣赏一下。

图 3 - 3

图 3 - 4

在我的实景油画卖得红红火火的时候，我个人的股票也有强劲表现，2009 年整个股票市场一片沸腾，4 万亿元人民币的经济刺激政策，加上我的几次“完美计划”——高抛低吸，节奏感之好真是羡煞旁人。行情好的时候，我就追加投入，50 万元、100 万元、150 万元，短短几个月我油画赚的钱不停地输入股市，强劲的现金流让我有足够的资本去玩这场游戏。而我不服输的精神居然也用在了股市上，借着股市的大好行情，我总算基本收复了之前的失地。

人在做决定的时候，其实就注定了结果。自从 2006 年我选择了入股市，就注定了最后的结果，结果是什么我现在不说，等我写到那一刻再说。

选择是那么重要，我们选择伴侣、事业、朋友等都决定了我们未来的人生……这些只有经历了才能体会到。

我在新西兰一般不会说自己在做什么，因为我曾经吃过亏，很多人知道我是做什么的，第一个想法就是怎么抢我的生意，而不是如何开创自己的生意。在我的实景油画卖得风风火火的时候，竞争对手终于反应过来了，看着自己的抽象油画连 50 新西兰元都卖不掉，而我的实景油画的售价最少也在 150 新西兰元左右，他们坐不住了，这些商人想到的第一招就是抄袭我的创意。

一时间，网络上充斥着各种各样的新西兰风景油画。到这个时候，我的油画生意已经做了 1 年多了，竞争对手越来越多，1 个竞争对手进 1 个集装箱的货柜，10 个对手就是 10 个货柜，30 个对手就是 30 个货柜，市场就这么大，供需一定会产生不平衡。这也是今天国内很多外贸公司面临的问题，大环境不好、老方法不奏效、对手多变、东南亚国家发展廉价制造业、汇率变化，等等。细数下来不利因素越来越多，这种情况下怎么办？只能求变，最起码我就是这样面对的。

创新是不被淘汰的唯一方法

为了应对商场的不利因素，我决定自己创造画来卖。

听起来有点不可思议吧，自己创造？其实这也是被市场逼的，买画的人有一种心理，除了希望画本身好看之外，还希望这幅画只有自己有。试想一下，大家走亲访友的时候，看见别人家挂的是和你家一样的油画是什么感觉？油画本身可以突出主人的审美和个性，那么稀缺性就很重要，多了就不值钱了，而画的数量多少很大程度上是可以控制的（前提是你有这个画的版权）。

因为深圳、厦门这种作画缺乏创造性，所以他们的画卖得太便宜。这样一来，人就没动力创造，因此这个活不能指望他们，只能靠我自己。

市场对油画的定价很有意思，原来一幅抽象油画能卖 200 新西兰元，现在竞争者多了，只能卖 50 新西兰元。这导致所有抽象油画都卖 50 新西兰元。那么 200 新西兰元的画到底有没有市场呢？当然有，只是市场上已经没有可匹配的产品出现，所有的人都在抢 50 新西兰元那个档次的肉，**在这种情况下我就要造一个 200 新西兰元的产品来弥补这个空缺，道理就这么简单！**

吃 50 新西兰元的肉，还是吃 200 新西兰元的肉？当然选择吃 200 新西兰元的肉，问题是 200 新西兰元的肉也不是那么容易吃到的。我发现卖货卖久的人多数不动脑子，无论是 Trade Me 的卖家还是易贝的卖家都一样，只是单纯地把货放上去卖，卖烂了，卖到竞争激烈了，就换其他的货。当时所有的人都在抢 50 新西兰元的市场，却没有人想去开发 200 新西兰元的市场，你说奇怪不奇怪？这又让我想起早期卖 MP3 的时候，卖到只有 5% 的利润居然还有那么多人在做，真是难以想象。

为了避免和大伙儿竞争，我又要“创新”了。仔细观察市场上还是有些油画能卖到 200 新西兰元以上的，但这些画多数是老外画的，他们的特点是原创、限量、画不常见，这 3 点就是 200 新西兰元油画和 50 新西兰元油画的最大差距，只要我做到这 3 点，价格就可以上去。下面要研究的就是如何做到这 3 点。

记不得是什么给了我灵感自己设计油画，以前的油画多数都是厂家提供和自己从网络上搜罗的，我的实景油画就算是自己设计的，那为什么抽象油画不可以呢？

那个时候没有今天的 Instagram，我只能通过 Google 搜索，之前我也复制过一些美国现代画家的油画，结果被美国人投诉了，所以留给我的路只有一条，就是自己设计。我没有美术功底，也不懂艺术，真是无从下手。我就尝试性地让美工设计一些油画，随便设计，随便发挥，一开始设计的都不理想，越看越难看。我后来总结出来，对美有感觉的人才适合搞美术。你看看全球艺术作品最多的是哪儿？是意大利。意大利人生活很随性，到处玩，他们对美的认识的确比其他国家的人要深刻。一般的美工真的做不好这个，必须经过“美学”熏陶才行。

我托了不少朋友在国内找了一个还不错的美工，让她试一下，按幅付费，一旦采用报酬可观。最后她设计出了很多不错的画，虽然不是百发百中，每个都能卖到高价，但在这样竞争激烈的市场环境中已经卖得相当不错。图 3－5 就是几幅设计不错的油画。

图 3－5

在油画市场上拼杀几轮后，转眼到了 2010 年 2 月，恰逢春节，我决定把生意交给伙伴做，自己回国休息休息，顺便结婚。同时，我借着蜜月旅游的名头，又开发了几个新产品的厂家。本来我的计划是回新西兰，做做小生意，炒炒股，该有的都有了，要过轻松的生活了。新西兰空气清新，自然风景也超级棒，是一个非常适宜定居的地方，但计划总赶不上变化。

04

创立米课的前因

买房也有技巧

结婚后，我考虑到油画的利润以后会趋减，从而准备增加产品类别。在回新西兰前，我在天津、惠州、广州、深圳、厦门等地跑了些厂家，锁定了几个产品，首先是地毯，其次是灯具，这些和我目前销售的油画可以产生交叉销售，而且都属于一个类别。最关键的是这些产品卖的人很少，属于暴利类产品。

买好机票后，我就和老婆一起飞回了奥克兰，因为马上要有孩子了，我们打算长期定居奥克兰，回去后就买了一套房子。当时奥克兰的房子比较便宜，名校区、600 多平方米、花园、车库、地段好，只要人民币 300 万元。为了买这套房子，我大概参加了 100 次看房，围观了 50 场左右的拍卖，最终捡漏买到这套房子。使用的方法和我买车的方法一样，这套房子在当时就比市价便宜 15%，能捡漏的重要原因是这个房主两年前以人民币近 400 万元的价格买入，而大部分人想 350 万元左右拿下，房主肯定不愿意亏本卖，拍卖的时候底价定得较高，结果流拍了。我当时看准房主信心大降，而且急于脱手，就在事后盯着中介。中介是个韩国人，英语不好，没和其他有意向的客户多谈。总之天时地利人和，我坚持盯着他，最终成功拿下。

图 4－1、图 4－2 是我奥克兰房子的照片，大家一起看看美丽的新西兰风景吧！

图 4－1

图 4－2

女儿出生的那几天，我有一只股票“包钢股份”连续 3 天上涨近 25%，我 3 天足足赚了人民币近 100 万元。在那一刻我不会想到两年半后我会在国内创业，会做米课，会认识一帮新朋友。那时的我就像一个隐退江湖的人，做生意是为了爱好，不求大富大贵，炒股是为了彰显能力，鼠标点击之间即可收获百万元，国内国外房子车子该有的都有了，我还求什么呢？只要不赌博，我真的可以退休了。

图 4－3

再回首

很有意思的一个现象，在买房和做二手车生意的时候，我的买入、卖出原则都是以低于市场价格买入，高于市场价格卖出。为了找到一辆有利润的二手车，我可能会看几十台车；为找到一栋划算的房子，我看了无数套房子，耐心地等待机会，一击即中。而在以前的股市投资生涯里我投入进去几百万元，却还不知道我投的公司是做什么的，业绩怎么样，商业模式怎么样，我完全没有利用我的优势去判断。我们往往在遇到一些大笔投资的时候，因为不切实际的预期和幻想，导致失去最基础的判断力。

促使我回国的真正原因

播下回国的种子

世界总是变幻莫测，我们认为不会变的事情在一点点发生变化。有两件事种下了我回国的种子，第一，我厌倦了卖货的日子，至少我自己不想参与了。我是控制欲很强的人，我希望我的产品我能控制，例如，地毯总会掉毛、脱丝，我希望能够改进，但供应商就是做不到。我作为卖货的人，也的确无法控制这些，可是我希望我的产品是可以随我的意愿进行改善和调整的，在早期卖货阶段这个想法不明显，因为那会儿没钱，赚钱是第一任务！当然这只是让我决定一年后回国的一个原因。第二，我突然意识到我身处一个极小的市场，这是我观察易贝卖家的时候发现的。例如，澳大利亚这样的一个市场，他们做得最好的一个卖家已经有100多万个好评，一年几百个货柜的进货量；而新西兰最大的一个卖家也不过10万个好评，还都是卖书的。我几年的积累，那么多ID加一起也只有七八万个好评，澳大利亚人口是新西兰的4倍，而交易量却多了10倍！这给了我很大的震撼，新西兰市场的产品毛利是高，但是澳大利亚市场也不会低太多。这样的市场容量，若我们一年的利润是人民币400万元的话，他们就有人民币2 000万元，甚至更多。

看着这些数据，我真的心慌了，市场的大小居然会造成如此的不同。我对比了澳大利亚最大的同行，他做这个买卖的日期比我晚半年，**当时我思考的问题是，这到底是运气还是天意？如果我当初去澳大利亚读书，会不会成为澳大利亚最大的卖家？又或者澳大利亚的大卖家如果在新西兰还能做到100万好评吗？**各种想法颠覆了我原来认可的事情，那段时间我的心绪很乱很乱，也是这个想法给我埋下了回国的种子。

心烦归心烦，市场小也有肉。随着新货的到来，我被安抚了。毕竟我在海外也算定居了，孩子也有了，公司不算多大，但每年实实在在的数百万元的利润还是看得见的，加上国内外的物业，还有股票里那些钱，我觉得为什么要那么辛苦，别吃着碗里看着锅里的了。澳大利亚市场再大，中国市场再大，欧美市场再大也和我没关系，我只要开心过日子就行了。

拓展产品线

新货其实应该说是新产品，是我用和发现油画同样的方法发现的高利润产品，新产品是tiffany风格灯具和长毛地毯。

地毯是另外一款很火的产品，其实家装和电子产品在国外都比较好零售。我做过的所有产品基本都在这两个范畴里面。由于冬季要到了，我感觉地毯销量会大增，所以我把地毯和tiffany风格灯具一起直接各订了一个柜。货品陆续到港了，必须告诉大家，卸货这种辛苦的活我都是自己干的。以前卸油画这些大件很轻松，因为油画看起来大，实则很轻，而卸地毯真是前所未有的挑战。我们三个男人，两个女人卸了一个下午，筋疲力尽。地毯实在是太重了，单件都是10千克以上，第二天每个人都手臂酸疼。

拿到这些货，我做的第一件事就是自己拍照，不得不说国内的厂家照片拍得太差，至少掉价40%！反思下吧！

地毯的销售在油画竞争开始变得白热化的时候，立刻填补了下滑的利润。这不禁又让我开始思考做了这么多年的生意模式是否有问题，虽然产品都有很高的利润，但是门槛太低，完全要靠眼光赚第一桶金，不能持续地做好一个产品，变成了纯粹的零售商、交易商。在内心深处我还是希望可以按自己的思路，创造性地去做产品。

就当时而言，我又一次领先了市场，在做地毯的人还不多的时候，我用1新西兰元起拍的模式横扫了地毯市场，也正因为有了地毯、灯具这些新产品，我们进行了交叉销售。由于当时的Trade Me手续费已经很高了，卖一个100新西兰元的产品，交给Trade Me的成交费和广告费就要13新西兰元，接近13%的销售成本。外国客户不像中国人，不太会转弯，你要和客户说你们不在Trade Me交易，给彼此省点费用，他们可不领情，他们非常刻板，必须按章办事。作为生意人，我还是要尽量把这个费用省掉。我想了一个办法，用**“仓库式销售+交叉销售+重复销售”**，很像O2O模式，也就是在Trade Me上进行第一次销售，这个销售成本其实是获取客户的成本。我们大概有20%~30%的客户都会重复购买我的产品，所以我建议客户来仓库自提（很多老外喜欢自提，国内我们都喜欢快递送上门），可以省邮费。我们放弃了赚邮费的差价，但是吸引了越来越多的客户来我们的仓库。他们来了后都会看看我们还有什么其他的产品，因为都是家居类产品，所以交叉销售也很方便。一个客户买地毯就有可能买油画，买灯具就有可能买地毯。

总之，我们当时的**核心方法就是引流到线下交易**。围绕这个点，我们自然而然也推出了很多操作小技巧，比如最普通的折扣券，下次买可以优惠 10 美元，这样刺激了很多用户回头购买，他们自己都没意识到已经帮我们节省了大笔的 Trade Me 开销。

现在回忆起来，我们用线下、线上结合的模式进行销售是很正确的选择，如果不这么做，可能公司早就倒闭了。前段时间我的合伙人还打电话给我说，现在 1 新西兰元起拍已经没什么生存空间了，以前的竞争对手陆续退出舞台，很多产品都趋向稳定，现在的竞争是品牌和服务的竞争，价格竞争很快就要拉下帷幕，即便有个别产品还能靠 1 新西兰元拍卖，也像边境部落一般，无法对中原产生影响。我也在思考，所有行业都有周期，都有起有落，以往的巨头也可能会被击倒，有多少生意能做一辈子呢？颠覆性创新太可怕了，要想不被淘汰，最起码要时刻保持警惕和创新的心态，即便这样也不代表你一定不被淘汰。

我个人认为，今天很多外贸新手真是生不逢时，互联网冲击传统贸易方式，中国劳动力成本上升，产品创新力缺乏等，和 5 年前、10 年前比真的是多了许多不利因素。但是，大家也别盲目羡慕做 B2C 的，他们的一些项目更惨，看起来毛利不错，算上其他固定成本、营销成本，两个字“亏钱”。

我以前经常想，为什么在 Trade Me 卖电子产品已经几乎没利润了，还有这么多人“杀”进去？同样今天的 B2C、外贸也是这样。我深感没有丰富的经验和行业资源，贸然进入贸易行业是很危险的。

那么解决方案是什么？我周边有很多创业的朋友，失败的都有个共性，为创业而创业，也就是突然想做点什么，就去研究下，然后以为自己会了就去做了，最后只能惨淡收场。成功的创业者多数是从自己的工作或者行业里发现了机会。如果你想成为第二种成功的创业者，首先，你要找到一份工作，并投入激情，同时在工作中发掘新的机会。

不知道多少人有这样的感觉，有一天你突然决定要做某一件事，这并不是冲动，而是以往的积累和万千思绪集中在这一时刻迸发出来，它可能是你突然决定要去学习一门技能，或者参加一个兴趣组，又或者去完成一项工作，甚至去创新。决定的往往只是一瞬间的事情。

我的一瞬间是坐在家里后院的凳子上，喝着茶、吸着烟，心里想难道这就是我要的生活吗？几年前在我碌碌无为的时候，我的确期望有一天能有一辆好车，有一套大房子，有一张绿卡，可以过着简单幸福的生活。而现在这一切都已经有了，我却没有想象中的满足感。突然我萌生了一个想法——回国创业。

与妻子的协商及公司的处理

在我拥有稳定生活的时候有这样的想法，现在看来是无法理解的，生意、家庭、孩子教育，这一切都已经安排妥当，回去干什么？做什么都要重新开始，而且国内的创业环境到底如何，是否包容我的个性给我施展身手的平台都是未知数。但是当时我想回国试一试的想法极其强烈，内心期望去挑战一下不一样的市场和不一样的竞争，测试下自己的能力。

图 4-4

想法有了，我得把这个

消息传递给老婆，怎么和她说呢？她肯定不愿意回国，这个选择冒险太大。

沟通技巧是一项重要技能，我这方面以前做得并不好，有时候喜欢把自己的观点强加给别人，许多年轻人都有这样的习惯，这是一个可能会让你后悔的坏习惯。由于我拙劣的沟通技巧，最初我没能说服老婆，因为我强加给她我的观点，跟她说生意的规模不容易突破，咱们别在这耗一辈子，国内机会很多，未来创业条件很好，等等。

可女人考虑的是孩子、教育、家庭幸福、轻松生活，在她看来现在的生活很好了，没必要动，新西兰的教育虽不能教出旷世奇才，但是轻松愉快、无压力。孩子嘛，尤其女孩，这个环境非常合适。在我了解了她这个重要需求之后，我们的第二次沟通就很顺利，我告诉她回国之后有更多人可以照顾孩子，家务有保姆阿姨做，饭也不用做了，孩子还小上学还需好几年，可以先让她在国内待几年，以后再回来也行啊，总之有很多条路。先迈出第一步，其他回国再说。为此我还给了她一个时间期限，如果两年内我国内创业没有大的进展，就乖乖地回新西兰做生意，过安稳日子。最后，老婆终于同意了我的想法。**这说明一点，谈判需要一步步开展，别幼稚到一开始就把所有东西说死，这样是谈不成大生意的。**

决定回国创业，**生意如何处理呢？**这里给大家一个参考，不同的生意处理方法是不一样的，首先你要判定你的生意可复制性强不强。我的公司虽然是我独股，但是生意有一定的可复制性，如果单纯雇用人员进行管理是无法维系的，但凡有点创业心的人都会另起炉灶。

经过一段时间的思考，我集中补了一下股权分配方面的知识，在Quora（问答类社交网站）上查了很多资料，最终感觉如果对生意的可复制性这项没处理好，以后会有很大的危机。**先沟通，确定对方的想法。这是最重要的一步。如果我想当然地认为自己开了一个很好的条件，但是对方不认可，他又不好意思说破，以后会很麻烦。经过沟通后，我按双方认可的价格出售给我的合伙人40%的股份，每年再转让5%给他，直到60%，也就是我会变成二股东，让具体干活的人当老大，分大头，而我利用省下来的时间做别的事情。**

对于这样的分配方法，我每年都会反思一下，看看当初是否想得太简单了。实际结果是它虽然有些小问题，但大体上仍能很好地运作。在公司的事情处理完毕之后，我就开始筹备回国的计划了。回去做什么这是个最重要的问题，我每天除了准备回国的事情，还经常上网了解各方面的信息，为回国做准备。

再回首

人生有很多抉择，但我们只能事后来评价抉择的正误。很显然，选择改变了很多事情的发展轨道，今天回头看，我当初选择回国创业的决定无疑是正确的，在国内我收获了更多。面对选择的时候，我们只能做到尽量分析清楚。不同的人对同样一件事情的分析不同，这导致了抉择的不同，做出正确的抉择往往是因为这个人在这方面的准备较多。

搭车创业——一腔热血与无言的结局

国内创业的契机

一个很偶然的机会，我看到一篇国内的公关软文。它是讲A公司的一位创始人决定离开原来的公司，重新创业，原因是他对原来公司的发展方向和价值观有不同意见，所以想自己重新做一家C公司。以前我关注过A公司，它在江苏的外贸服务商中也算有一定名气，是一家提供外贸建站推广服务的机构。我当时觉得A公司只是给人做个网站，就能有100多人的团队，还是很厉害的，挺有意思。

在关注A公司的同时，我同样非常看好北京一家化妆品电商B公司。我在这两家中对比了很久，比较明显的是B公司实力和发展前景好过A公司，但是A公司创始人打算另起炉灶开个C公司，这里面有股份合作的机会，而B公司结构稳定，这个时候插进去做合伙人几乎不太可能。另外一点就是A公司创始人在南京，这和我当时的地理位置一致，所以我决定和A公司创始人刚创办3个月的C公司进行合作（以下就不说A公司了，统称C公司）。

即便C公司是家很新的公司，想要与其合伙也不是很容易的，毕竟对方不了解我，也没和我共过事，上来就谈合伙基本是必死无疑，好在当时我还有一笔300多万元的现金流没进股市，我决定用这笔钱试下，最起码给别人留下深刻印象。于是我在微博里给 C 公司的创始人 Z 先生留言，表达了想合作的意向，且手头有 300 多万元现金可用来投资购买股权，Z 看了后很开心，表示愿意见一面详谈，这样我赢得了第一次谈判的机会。

2010 年 7 月的一天，我和 Z 在他的办公室见了第一面。我们聊了很多，Z 给我展示了他挂在墙上的宏图大计，我也尽量表明自己过去的创业经历，以及我想与他合伙共同创业的意图。Z 先生告诉我，他很希望能和我一起做，不过我们要有个彼此了解的过程，他让我先去他那里，我们先合作一段时间彼此了解下，后面再谈。我也认可他的说法，毕竟我对公司具体经营情况不了解，贸然投资也不明智，大家先接触一段时间，彼此有了了解，才好更深入地合作，于是我答应次日就来 C 公司。

进入 C 公司——初来乍到

第二天一大早我来到 C 公司，那应该是 C 公司人最多的时候了，一眼扫去近 30 人，对于一个才起步 3 个月的公司来说人不算少了。Z 和我商量应该暂时给我什么职位，我客气地说，这都无所谓。Z 说有两个选择，一个是高调地宣布我的加入，另一个就是先低调，等我和大家熟悉后再宣布。我考虑到空降一般是比较麻烦的事，30 多人有一半都是 Z 以前公司过来的，突然冒出个新上司，大家还不知道我能力如何，必然成为众矢之的。于是，我先做了个小主管，手下 6 个兵，而真正有权管理的也就 3 个人。

无论如何已经进入了 C 公司，我对自己的能力充满信心，相信过不了多久就可以直冲合伙人的位置。从严格意义上来说，我并没有在职场上历练过，当年在民企 IPO 部门工作的时候虽获得总裁的青睐，但下面小鬼众多。有一次我们调办公室，我去办公室主任那问他具体细节，此人30岁左右，由于都是年轻人，我就直呼其名，他居然完全没反应。我以为他没听见，就又喊了一次，他还是不理睬。我就问他是否听见我喊他，他直接和我说："你要喊我韩主任！"我当场就愣住了，大家思维真是不一样。所以刚来C公司，我本以为我的行事作风会和大家有分歧，没想到还有一个比我更懵懂的同事。

这人是和我同日加入C公司的小胖，他是C公司的技术总监。一进公司没搞清楚状况，有一次他上班玩了会儿游戏，被几个销售人员看到并拍照，直接发微博说，"这就是公司请来的高管"，结果小胖被开除了。其实这只是表象，小胖只是"替死鬼"，我到最后才知道这批销售人员和公司有着复杂的关系。说这个是提醒刚进入职场的朋友，不要自以为聪明，新进公司言多必失，做好自己的同时，也一定要观察清楚周边情况。

立下第一功

进入C公司后，我开始仔细研究公司的产品和服务，研究上游和下游产品，我发现了一个严重的问题，就是公司在做亏本生意！C公司当年是给客户做整体的营销推广方案，一个方案售价在10万元左右，Z创办这家公司的时候只挖了以前公司市场部和销售部的人员，没拉技术部的人参与，这导致业务只能外包给另外一家公司做，而外包费用高达七八万元，加上C公司销售提成是10%左右，再扣去所有人员的工资、办公场地、税务费用，可以说做一笔亏一笔。我庆幸当初没直接投资，Z这样做生意可不行。

我先和Z说了这件事，他很紧张，立刻找来财务核算，结果不言而喻，他一直在做亏本生意。我想我展示实力的机会来了。我进公司的第二周就干了一件事，立刻砍掉现在外包的供应商，重新组合产品结构。

做这件事之前，我花了一周时间研究市面上所有提供类似服务的公司，发现A公司应该是最早做“整合营销”的，当时没有竞争，A公司借势发展起来。C公司的老板Z是A公司的创始人之一，但如果C公司还卖一样的产品，我感觉是无法超越A公司的。

我建议Z借着更改供应链的机会重新定义产品。根据我的分析，我建议Z把整条服务里有技术含量的环节交给国外服务商做。一来我有渠道打通国外高质量的服务商；二来在英文推广上，国内的员工根本做不好！同时我还让Z在产品里增加更多的国际元素，比如让老外管理营销，来写文案、做动画视频等其他竞争对手没有的服务。这样做不但没有增加成本，反而大大降低了成本，能获得50%的利润。这样的一个调整，使C公司扭亏为盈。

Z看见公司的供应链发生了变化，业绩获得了增长，很开心，我也很开心，因为这是我第一次展示自己的能力，就这样我兼职负责了整个执行团队和外部采办。

在和不少国内做外贸的客户接触的过程中，我感触比较深的是大部分公司和我以前的套路完全不一样，外贸公司多数以业务为主导，不擅长互联网，甚至不知道Google具体是什么。听一个老销售说，他去谈客户，给客户介绍Google，客户打开电脑浏览器里的百度，在百度里搜索Google。这个听起来好笑的故事背后，说明了大部分做外贸的人不擅长用互联网，这在以前不一定会影响他们赚钱，毕竟那会儿的主渠道还是展会和B2B平台。

可是时代在变化，以前什么都不懂的业务员也开始慢慢学习，知道了什么是Google；知道了Google里不只可以输入关键词搜索，还可以输入 site（网址）、allinurl（Google 的高级搜索指令）等进行各种高级搜索；不用像以前那样去买广交会数据，可以直接在谷歌里搜索客户的信息。我觉得 Z 的公司应该做些和其他公司不一样的事儿，毕竟以前赚钱的模式不会持续很久，再者我们修改的供应链并不是无懈可击的，别人也可以模仿，可以抄袭，到时候现在的优势又会荡然无存，所以我经常在想这个行业应该如何变革，如何前行。

由于才和 Z 共事 1 个多月，接触服务行业也只有 1 个月，我不好随便乱提建议，打算继续一边做事，一边深入了解下这个行业。

讲课初体验

有一天，Z 突然把我拉到办公室让我帮他讲几节课，我说我没讲过课，问他要讲什么？Z 告诉我他正在和一家培训公司合作，在网络上通过 YY 给学员讲课，主要讲怎么做外贸，怎么做优化推广的一些基础知识，希望我能帮他把优化推广的内容讲解下。我说这个我可不擅长，让我做推广还可以，讲我可没讲过。Z 硬要我帮忙。一开始我也没当回事儿，就说再考虑考虑，没想到过了几天 Z 又问我考虑得怎么样了，过两周就要开课了，让我赶紧答复他。

我看他这么急，看来是非讲不可了，也就硬着头皮答应了。虽然我在朋友圈里挺能聊各种商业模式、公司经营套路，但让我公开讲课，我还真没经验。抱着体验人生和帮 Z 解决问题的心理，我最终还是答应了。答应后心里有些紧张和兴奋，紧张肯定是因为没经验，兴奋是因为可以体验一把当老师的感觉。

我选了两个主题，网站建设和搜索优化。我花了两天时间准备好课程提纲，如同考生准备去考场一样等着同学们的检验！那是一个“月黑风高”的夜晚，我走进一个演播室（只有一台电脑、一个麦克风），在主持人“隆重”介绍我之后，我登场了！

没想到的是，我很快进入了状态，而且越讲越精彩（事后学员的评价）。我讲了两个小时口干舌燥，来听讲的朋友们仍觉得意犹未尽，提了很多问题，最终又多交流了一个多小时。课程非常受欢迎，课后我还给大家留了邮箱，结果第二天就收到几十封邮件。我发现大家的问题都集中在如何用好网络吸引客户、转换客户上。我就打算写个博客，与大家分享些相关的知识，让大家有个学习交流的地方，后来就有了 www. mrhua. net 这个博客。这个博客我坚持写了 3 年，是外贸行业里人气最高的博客。

帮助 Z 讲课这件事再次向 Z 展示了我的实力。Z 知道我的课程大受欢迎之后非常高兴，说终于有人可以把这块业务给扛起来了。接下来 1 个月，我又帮 Z 讲了 1 期课程（每月 1 期），这次的效果更好，第一次讲还有点紧张，这次彻底放松了，发挥自如。更有意思的是，有的学员听完我的课程，开始向公司咨询建站推广服务，并且还谈成了订单。我的商业雷达告诉我这里面有机会。我仔细想了下目前 Z 公司的销售流程，觉得整体都非常传统，主要依靠销售人员谈订单，销售人员占公司人员的大多数，提成也很高，占了利润的一部分，我想了一个优化流程的方法，能大大提高销售量，还能降低成本。我觉得是时候和 Z 再谈一次股份合作的事情了，我整

图 4 – 5

理了我在公司两个多月做的4件大事：

- 改变外包结构，扭亏为盈；
- 管理订单执行部门；
- 培训；
- 优化销售流程，提高销售量（待发生）。

有了这4点，我可以和Z谈一谈了，我觉得自己在这段时间里做得还是很不错的。我和Z约在一个茶社里，我问他合作的事情有没有进展，Z没怎么说话，岔开了几次话题。旁边还有一个姑娘，我当时也不好问得太直接，约谈就这么结束了。回去后Z给我写了封非常长的邮件，挺煽情的，表达了合作的愉快以及愿意继续合作和股份合作的意向，但希望能再合作一段时间看看，毕竟时间还有点短。

当时的Z抓住了一个很好的点，就是时间短。时间短做出成绩难道不比时间长做出同样的成绩更好吗？不过，不管怎么说，我被那封信打动了，仔细想想的确两个多月是不算长，那就再合作一段时间看看吧。

改变销售模式

在给Z讲完第三期课程的时候，我总结了之前商业雷达的探测结果，即很多客户通过听我讲课，都会来找我们公司做推广或者做网站。当时公司有一位从没成过单的销售，在接电话的时候正好接到一位刚听过我课程的企业员工的电话，立刻就把单签下了。我召集公司所有的销售人员，告诉他们现在的主要精力不应该放在如何拉订单上，而是应该放在接待培训的客户上，因为这些客户最容易转换。我如同发现秘籍一般将我的观察告诉了销售员们，销售员们却没有执行。道理很简单，销售员是拿提成的，谁会放着10万元8万元的订单不签，而去签那么便宜的课程？再加上我才来公司 3 个多月，与同事之间还没有牢固的信任感。我并没有放弃，晚上吃饭的时候我想到一个妙招，100% 搞定这些销售员。

我找了一个合适的机会，又一次把销售员们集中到会议室开会。我先问问大家最近培训课程的订单怎么样，接了多少，有什么计划，销售员们支吾半天和我打马虎眼，总之，就是捎带着做，不积极。这一切都在我预料之中，我拿出了我的撒手锏！

和销售员相处的关键在于永远要考虑他们的利益，做公司解决这个问题也是最重要的，因为大部分不合都是由于利益分配出了问题，为此我想到了一个自认两全其美的办法。我对所有的销售员说：“我知道大家接培训客户没有动力，我能理解。大家都知道上周 ××× 从培训的客户中顺利签下一单，××× 做销售半年都没出过单，为什么培训客户那么容易成单？你们有没有思考过这个问题？是 ××× 销售能力突增？不是！其实是因为客户经过很好的培训，对产品有了正确的理解，在他打电话之前已经决定购买了，无论是 ××× 还是 ××× 接电话都能成单！这么好的机会你们居然不要？这样吧，从今天起，谁接的培训客户，这个客户就永远跟着谁，无论这个客户最终在哪个销售手里成交，都算最初签他培训的这个人的！”

这个决定意味着什么？意味着销售可以拿到最优质的客户资源，前提是什么？前提是他去签培训的客户，培训的客户转换率高，而我又是这个能把转换率再提高的人，这么一说，有的销售员开始感兴趣了，也有人还是觉得可能性不大，在销售员内部出现了明显的态度转变，至少有一部分销售员打算一试。

当时有个销售员 L，小女孩，再不成单就要离开公司了。这个销售员 L 很聪明，她看到一个比她还要差很多的销售员只因为在正确的时间接了一个正确的电话就成功签单，认为这是个机会，于是L选择了深信我的方法，开始努力接培训客户。由于以往那些业绩还可以的销售员只顾着手上的大单，而忽略了这种小单，L得到了一个很好的机会，她开始横扫培训客户，几乎60%的培训客户都来自她一个人。按我设计的销售模型，L会在未来3个月垄断一半以上的销售额，一举成为销售冠军。当时没一个销售员相信L会成为销售冠军，这就好比你买了中国足球队可以战胜巴西足球队一样，而我却愿意为此押上一注，因为我才是背后的操盘者，我知道他们看不到的数据。

这时也已快到我为Z讲第四节课的时间了，说实在的我已经厌倦了这种重复讲课的模式，我在琢磨如何改进流程，因为这对于我来说太低效，太无趣了，我回国创业一定不是为了这个。另一方面销售员L接的培训客户越来越多，成单率直线上升，其中几单客户强烈要求我本人去他们公司才肯签。当时我根本不愿意出差，而且在整个销售环节我一分钱提成也没有，我来合作毕竟不是为了短期利益。Z为了多拿下几单，可以说是求我陪销售员L出差把客户拿下，最终我还是给了他这个面子。就这样在第三次培训结束后，L顺利成为公司的销售冠军，我也很开心，因为我设计的销售模型是完全有效的。

合作无望

眼看第四次培训就要来了，加上我为公司设计的这套产品太大增加了销售额，降低了销售成本，我找了一个机会又和Z谈合作的事情。我看Z再三推托，各种说辞，有点失望。我提出了一个暂时缓解的方法，让Z把培训产品全交给我，我负责这个产品的规划、销售等所有事情，只分30%的项目利润。我本以为Z这次一定会答应，他没有任何拒绝的理由。为什么这么说？因为当时Z找了一家国内做培训的小公司帮他运营，所谓的帮他运营也就是帮他接客户咨询，设置一下 YY 语音聊天工具，做个主持，仅此而已。而 Z 却将培训收入的 100% 给这家公司，别忘了，培训客户大部分是我们自己的销售员 L 接的。Z 为什么这么做呢？很简单，那家培训公司的老板告诉 Z 一年能做到 2 万多名学员，而前 3 期的实际数据却是来自这家培训公司的客户加在一起还不到 50 人。后来我总结出来了和 Z 合作要会吹牛才行，我这种实在的真心想帮他的老实人反而不行。世界上总有这么一种人，你不能按正常逻辑去理解他的行为。

最后，Z 找了个借口，说进行财务分析后决定不批这个方案。我非常生气，Z 宁可把利润拱手让给那些吹牛拍他马屁的人，也不愿意分出 30% 给自己团队的人，太令人失望了。我对 Z 失去了信心，有了去意。团队里也陆续走了几个人，他们中多数是因为工资的问题。其实我已经看出这个团队存在很大的隐患，除了人之外，产品也有些问题，但我认为这还是可以挽救的，我还是能找到机会，但是，如果我和 Z 的合作关系迟迟无法确定，那我一定不会浪费自己的时间。后来我分析 Z 当时的心理应该是舍不得股份，也不想让我离开，只能边走边看。而对于我来说时间就是金钱，前期已经在 Z 这里待了 4 个月了，我对自己说这个事情一定要有个了断，再给 Z 和我两个月时间，到了半年必须有结果。

基于这个想法，我还是帮助 Z 完成了第四次线上培训，销售员 L 也再次拿到了销售冠军。这次除了因为她的确很优秀之外，还有一个原因是其他几个曾经的销售冠军都陆续跳槽了，Z 的公司完全依靠销售员 L。当年一单不成的小姑娘变成了公司的顶梁柱。我所预测的团队危机终于显现出来了，简单地说几句，让各位创业中的朋友注意下，我说的团队危机其实在很多公司都有，不外乎以下 3 点：

- 团队对你失去了信心，比如你能力不够，无法让他们看到曙光；
- 你不会分钱，不会分利润，别人给你干活，干得多的和干得少的没区别，甚至什么都不干的还能被提拔，奖罚不明晰；
- 鸡血打太多，指望自己不付出，让员工给你卖命，工资待遇差。

这些都是现在很多创业者遇到的问题。作为创业者，你自己创业，别按照你对自己的标准来要求别人。你想让员工勤奋，就要做好“高薪 + 激励”的准备，不能开空头支票，今天的年轻人都很聪明，当时 Z 和他的员工就出了第三个问题。

我帮 Z 完成了第四次培训，已经到了百无聊赖的地步。我对这种培训模式很反感，我不喜欢重复说差不多的内容，我也体验到了当老师的痛苦，我佩服那些每天说差不多内容的培训师们，他们太厉害了！我是坚持不住了，但这个领域是有市场的，所以我就一直在琢磨如何创新培训市场。经过排列组合各种可能性，最后我觉得视频这个方式非常适合，YY 教学的优势在于可以及时地互动，弱点在于一对多，无法演示课程。每个人接受能力不一样，很多时候你说同一个内容，70% 的人知道，另外 30% 的人不知道，你是继续讲下去呢，还是再重复讲那 70% 的人已经知道的呢？此外，最大的硬伤在于无法演示课程，很多操作的东西无法通过语言表达。反观视频，大家可以自由地选择进度，你听不懂可以多听几次，也可以实际看到老师的演示，边看边操作，效率很高。后来米课许多学员通过几天的学习就建成了自己的英文网站。视频的弱点在于互动性不及现场培训，不过这点可以通过客服互动答疑来弥补，而最重要的是我可以不重复讲同样的内容。

我与 Z 的最后谈判

有这样的想法之后我很兴奋，找了几个做生意的朋友一起聊了下，他们都不太看好，一是那一年还没有视频教育公司，不知道用户是否能接受；二是总感觉这是个小生意，不适合我做。我听完后很开心，因为我喜欢做别人不看好的项目，这样成就感更大，更重要的是我已经在这个行业里做快半年了，积累了很多行业信息。我一直相信，自己只要进入一个行业半年便可以发现商机，这个时间点非常契合。我决定找 Z 再去谈谈合作。我全盘说出了做视频教育的方法和计划，说得比较激动。Z 听完后问我，这个生意第一年能做多少销售额。我保守地说大概 ××× 万元，但是每年都会有比较高的增长。Z 觉得 ××× 万元太少了，我说，他现在这个公司 20 多人连 ZZZ 万元销售额都不到，我这很保守的估计第一年 ××× 万元他还嫌少？（×××大概比 ZZZ 少 35%）Z 说要不先做起来再说吧。我说我可以把这个项目带入合作里，大家一起做，他这里有现成的团队。这半年我也帮了他不少，当初说好是股份合作，半年了股份的事他还避而不谈，这样下去肯定不合适，这种收入还不及我以前 3 个小时的收入。我表示愿意这么做完全是因为最初谈的是股份合作，这次必须谈清楚，不行也无所谓，我可以再帮他讲一次课，让他有足够的时间再找别人讲，但我要退出。我让 Z 好好考虑下，给我个答复，不要再拖了。

Z 一看这次我来真的了，思考了很久，最后让财务和行政两个女同事来找我谈。和财务、行政谈完后，我才知道 Z 担心我带走他的客户，或者做同样的业务竞争。我让那两个同事带话回去告诉 Z，我不会做他的推广，也不会动他的客户，让他放心。我已经无数次告诉过

Z，这个代客户推广的经营模式是做不大的，而且也做不好，看来他从没听进去过。说实话，最后一次的谈判我其实很想拉 Z 一把，因为我看到他还没看到的危机，我也看到了未来的趋势。我很想帮助 Z 一起把公司重新做好，我想给他一个机会，也给自己一个机会，但是他并不这么认为。

人性差别的确很大

我带着惋惜结束了这段合作，心中有略微的失落和无奈。我一直在设身处地想，Z 为什么一再拒绝股份合作。如果刚开始大家不熟我可以理解，可到了最后我真的无法理解。如果我是 Z，我一定不惜一切代价维系这种合作关系。如果我半年里没为 Z 的公司带来实际的帮助，我也可以理解，可这半年我为公司做出了很多重大的变革。再如果我没有战略眼光，我也可以理解，可是我及时发现现有运营模式无法长远，研发培训寻求合作，我实在想不通 Z 是怎么思考问题的。

后来 Z 的公司慢慢消失在历史的舞台，在他非常困难的时候，他当年的下属兼老战友及时拉了他一把，给他免费提供了办公场地，帮他渡过难关。而当 Z 发现他老下属的贸易生意非常赚钱的时候，安排了一个亲戚到他老下属的公司工作，若干月后，Z 如法炮制了这位老下属的生意，成了他的竞争对手。当我亲耳听到他的老下属、老兄弟万般无奈地群发这个消息给所有圈内人时，我终于理解了，人与人是不一样的，从始至终 Z 都没把我当作合作伙伴。

我不否认我也经常做一些错误的选择，还记得前面我写到刚回国的时候，我在北京一家化妆品 B 公司和南京的 C 公司之间犹豫不决吗？前者已经在美国上市了，如果当初我选择了 B 公司，现在也许会是另一番局面，不过好在我这半年时间并没有浪费，我所掌握的信息和资源已经让我找到了新的商机——视频培训！

可怜的培训事业从一出生就不被人看好，商界的朋友态度冷淡，同行也没几个人认同这种奇怪的模式，就连我老婆都质疑我天天熬夜录制这些课程是否有用。我只好笑着回答她，总有一天她会发现我每录一个 10 分钟课程，将来都值 10 万元。此时在我脑海里已经有了清晰的架构，比起最初的构想已经发生了巨大的变化。我坚持每天熬夜进行课程的录制，每一节课都花费我大量的时间筹备、规划，课与课之间有很强的逻辑关系，我把这些知识和我以往的经验全部串联起来，搭建了视频培训的核心“N+1”体系。

05

创办米课

米课进入准备期

名字的由来

结束了和Z的合作后，我计划休息一个月。在这段时间里我一直在思考新的项目米课怎么去做，我越想越觉得这是个极佳的机会，处于兴奋之中的我只休息了一周就开始工作了。我是一个闲不住的人，创业对我来说是一种精神刺激，相当有快感和成就感。虽然米课这个想法在帮Z做线上语音课程的时候已经有了，我也仔细想过运作这个项目的细节，但是始终没想到一个适合这个项目的名字。名字是非常重要的一环，我天天都在找灵感，想过很多名字，但是有一类我肯定不会选，就是包含“外贸培训”这四个字的，太低级，配不上我要做的产品。在视频培训还没有网站的时候，我就清楚地知道自己想要什么，它要能给人带来一种超凡脱俗的感觉，一个最起码听起来有点像品牌的名字。

在米课发展起来后，不少朋友和米粉（“米课”粉丝的简称）都问过我为什么要取米课这个名字，是不是米代表着Money，实际上米课不像其他品牌那样有深刻的意义、来源曲折的故事。它就是我天天想，天天想之后蹦出来的一个名字。就这么简单，我读着顺口，看着感觉也是能做起来的品牌就用了。我厚颜地把米课后面加上了创业板代码，看起来也挺适合。当我带着“米课”这个名字去工商局注册的时候，那位和蔼可亲的工作人员问了一句，“这是什么名字，你真的要用吗”，我坚定地回了一句“是的，麻烦您了”。

简陋设备中的精益求精

完成了工商注册，接下来就要准备录制课程所需的设备。虽然之前我在新西兰学习了一些摄影基础知识，但是摄像和摄影还是有区别的，我并不是很熟悉，好在这些东西触类旁通。我花了几天时间对摄像的基本要素有了清晰的认识，还顺带研究了国外一种手写黑板课的录制方法，这也是后来米课三种授课方式中的“黑板课”的由来。我一直觉得任何事情只要肯花时间去研究，总能有意想不到的收获，关键就是你必须开始，没有开始就谈不上后面的成功。通过前期的研究，我采购了一批灯光、数码摄像机、各种辅助工具，然后我就开始正式录制课程了。刚录制了一节，我发现音质很差，收音效果不行，房间里的一些杂音和回音都被录制进去了。我换了很多麦克风，还特意从美国订了一套一万多元的收音设备，终于找到了一个合适的。那会儿的录制条件比现在差太多了，今天的米课有专业的录播室，做了全室隔音，所有的器材从摄像机到脚架都是一流的。

图 5－1

准备好设备之后，我就要把我的知识体系归纳出来了。虽然之前我通过语音讲过几次课，大家也都很认可，觉得很受益，可是我很清楚这些知识并不系统，也很难操作。我遇到过一位广州的学员，当时算是我的狂热粉丝。他做了满满几十页的笔记，笔记的表格做得非常漂亮，非常系统，把我授课的内容全部归纳总结出来。即便这么认真的学员，他能理解我的理念、思路，但根本不会操作，后来沟通下来给我的感觉就是他是“思想上的巨人，行动上的矮子”。我可不希望米课的学员也是这样，这更坚定了我通过视频模式教学的想法。

N +1 体系

以前的语音教学给了我很多启发，使我深深地意识到外贸人缺的是什么，应该怎么帮助他们。不可否认，如果没有在 Z 公司的半年经历，我是无法凭空做出米课这样的产品的。那段经历让我和很多外贸从业者有了很好的交流和接触，真真切切地抓住了他们做生意中存在的问题，并有针对性地提出解决方案。我给自己的体系起了一个名字叫“N +1”，1 代表的是外贸公司的网站，这个网站是用来把流量转换成客户的，是最关键的一环；N 代表着各种各样的推广、营销技巧，N 为企业网站带来流量，进而可以对数据进行分析，用来更好地优化推广方式。这一套闭环形成之后，我觉得威力一定非常大，而且性价比会极高，效果也会非常持久。在后面很多的案例中我会慢慢介绍。有了这套体系之后，我自上而下准备了 10 个系列的课程，从英文网站的结构设计，到建站、优化、邮件推广、社交网络推广、Google 广告、视频营销、用户体验，以及数据分析等。这些内容基本包含了过去很多年我在新西兰做网络贸易以及在国内做 C 公司时候的核心方法，我很熟悉这些，知道这些方法用在外贸领域会同样有效。

市场定位

今天回头看为什么米课在外贸领域做得还算不错，我觉得是因为最初的市场定位定得非常准，而且堪称漂亮。摘一段我在知乎里的一个回答：

“米课切入的是一个细分市场中的利基，目前每个季度以40%的增长率在发展。米课的用户群是B2B从业人员，从外贸目前的大格局来看，B2B从业人数大于B2C从业人数，并且从实际效果来看，对B2B从业人员帮助最大。”

那米课切入的具体是哪块市场呢？大家可以想一下外贸B2B的从业者普遍具备的技能是哪些？我觉得不外乎以下6点：

- 询盘回复技能（英语技能）；
- 开发客户技能（低端的邮件群发）；
- 外贸业务流程（单证、信用证、B/L等业务知识）；
- 展会经验；
- 基础的互联网技能；
- B2B平台的操作使用（阿里巴巴、环球资源等）。

以上基本就是外贸B2B业务员所需掌握的技能，而能掌握以上技能的人员基本上很快就能做经理。外贸B2C的从业者需要具备的技能又是什么呢？基本上包括以下7点：

- 基础代码HTML、CSS（辅助优化所用）；
- 搜索引擎优化技能；
- 广告关键词投放技能；
- 邮件营销；
- 数据分析、统计；

- 产品供应链；
- 社交网络推广。

如果外贸 B2C 从业者无法掌握上面的技能，他们几乎无法开展业务，这些技能必须具备。你可以对比发现 B2B 从业人员和 B2C 从业人员所需的技能完全不重叠，做 B2C 的去 B2B 公司是做不起来业务的，只能做推广；而做 B2B 的去 B2C 公司，基本是无用武之地！

那米课做了一件什么事情呢？就是错位打法，让 B2B 的从业者学会 B2C 人员所需的推广技巧。这么做有什么用呢？太有用了！你可以想象一下做 B2C 的如果不会推广就没业务，B2B 以前不需要学这些，因为阿里巴巴已经有非常多的询盘了，展会也是。而现在的情况是近几年阿里巴巴这样的网站询盘质量相对一般，导致外贸人要寻找新的出路，所以掌握 B2C 从业者所掌握的推广技能就至关重要了，他们用这些技能几乎可以秒杀他们的同行。

在经营米课的两年中，B2B 的学员占比 70%，而 B2C 的学员占比只有 30%，这完全符合我们最初的产品设计，实际反馈也表明非常多的 B2B 从业者完成米课学习后，无论在职业道路上（薪水提升），还是为公司带来的询盘、流量、转换率，甚至是日常工具上都有很大的帮助，这也是为什么米课 40% 的学员都来自朋友推荐，口碑的力量是最大的。

另外一个米课会火的原因就是外贸整体环境不好，企业手头预算有限，已经没有大量资金去请推广公司做服务了，而米课 3 000 多元的价格绝对是非常低的试错成本。在米课学习后自己完成英文网站建站，并带来流量和询盘的人非常多，这也是米课能存在的根本原因。

当初我也意识到这是一个市场空白，这个空白的市场需要一个强大的产品，而当时的我已经为这个强大的产品做好了准备，这个机会和当年的碟屋、MP3、油画一样非我莫属。

商业模式的确立

大体的定位和授课方式确定后，我希望通过视频的方式做一个档次较高的在线培训课程。这套商业模式应该如何设定呢？首先我们确定了米课是服务业，服务业可以创造出很多特殊的价值，你的产品就是你的服务，而服务是你完全可以把控的。做贸易的时候我最郁闷的就是我把控不了制造、设计环节，工厂做什么我就卖什么，我的同行也卖什么，完全没有差异化，而没有差异就没有独特价值，可创造独特价值才是一个有潜力的商业模式的开始。虽然那会儿考虑的没有今天这么周全，而且当时的商业模式和现在的米课也完全不一样，但是我依然从 8 个基本点确定商业模式：

- 产品定位；
- 目标市场；
- 销售推广；
- 课程制作（生产）；
- 定价—收入模式；
- 成本；
- 竞争；
- 市场大小。

销售推广

产品定位和目标市场前面已经说得比较详细了，销售推广我计划依旧使用自己最擅长的互联网营销，也就是 N +1。我总不能一边教别人用 N +1，一边自己用直销吧。根据我当时的规划，网络渠道是最优的选择。我很骄傲的是，今天网络营销为米课带来的销售额占据了总额的九成以上！这是和很多传统培训机构完全不同的，传统的培训机构是通过电话、会议进行销售，这和米课的推广销售结构完全不同。米课擅长互联网渠道，增加电话销售渠道很简单，而其他培训机构想要增加网络渠道，并且做好就非常困难。

课程制作

服务行业也有生产过程，饭店是服务行业，通过厨师生产美味的菜肴，他的菜肴可以千变万化，创造出不同的口味迎合目标客户；米课要生产的就是高质量的课程，以帮助学员提高技能。米课的生产模式和饭店有一个巨大的不同在于米课不需要重复地生产，而需要不停地生产。这个模式太好了！这代表米课不需要聘用讲师，不停地讲同样的内容，有这个时间他们可以准备更多的高质量课程，这也降低了我的成本，让企业能有更好的盈利。有更好的盈利代表着什么？代表着我会有更多的资金投入同行不敢投入的地方，慢慢地，他们会与我渐行渐远，我的独特价值就突显出来了！

定价

定价是门学问，定高了可能会毁了我的产品，定低了又会白忙一场，这两种情况在教育产品中经常看到。米课的定价我经过了很久的思考，在最初录制课程的时候我并没想太多产品的价格，一心只想把课程录制得精彩。随着课程数量越来越多，我才开始考虑价格的问题。当课程录制得差不多的时候，我想将课程定价在 1 万元左右，因为我觉得这些内容定 1 万元都低了，只是这个价格可能是网络上能接受的最高价了。后来我理性地想了下，这个价格虽然也能卖得动，但销售数量肯定不多，只能服务少数人。很多学员表示过他们恨不得我们收1万元学费，我经常收到学员留言说我们课程几千元的定价太便宜了，如果价格高，他的同行或者其他外贸人可能就会犹豫，这些知识和方法他就可以独享了。我很庆幸当时自己还是理智的，没有在一开始就定出高价，即使它是好东西，也要定一个合理的让大多数人能接受的价格，最终我把课程分成了3个套餐，价格分别是990元、1 580元、2 480元，那会儿的课程数量在180节左右。后来的经验告诉我，价格定得还是很不错的，不过确实便宜了，因为订2 480元套餐的学员占8成以上，按一般的定价规律，中间档应该是卖得最好的，而米课最高档一直卖得最多，这说明价格有上升空间。现在米课课程数量已经翻了3倍达到720节，最高档的价格在3 780元，购买最高档的反而增到九成。我的智囊团们一直向我反馈可以提价，但我的想法有所转变，不是说可以提价就一定要提价，而是让点优惠空间给学员，让他们觉得物超所值更重要，这也是米课口碑极佳的重要原因。

竞争——低价没有出路

在我创业的这条路上，我遇到过很多竞争对手，有让人敬佩的，有让人看不起的。很多“鸡汤文”里说竞争对手可以促进一家公司进步，我觉得竞争对手强到一定程度对你产生不了实质性的推动作用，反而会让你没生意可做，当然严格意义上说在那个层面你们不是竞争对手。在米课初创的时候，市场上没有外贸在线课程，连线下都没有和我们体系一样或者接近的课程，如果非要说竞争对手，我只能把那些英文推广建站公司拉下水了，他们收费几万元甚至几十万元帮客户完成建站和推广，我们收费几千元教客户自己完成。客户要的只是结果，这两种服务期望达到的效果基本是一致的。从这个角度看，我们也勉强算竞争对手。

随着米课的不断壮大，吸引了一些眼红的竞争对手纷纷效仿，他们有些现在已经不存在了，有些处在奄奄一息的阶段。分析竞争对手我一般只看两点：第一，竞争对手的定价，定价低的是做不出好课程，也请不到好老师的，更别谈投入资金到后期的发展中，因此它面对的是非常低端的客户群；定价高的也无法和米课竞争，5 000元预算内的学员米课最起码能占据八成的市场。第二，看竞争对手的投入方向，有些竞争对手起步阶段会有一点收入，主要得益于他早期的知名度，但是无法持续，因为他们没有勇气也不舍得把这些收入投入提供更好的服务和产品上，最终还是输在思路上，严格意义上来说他们还处在赚点钱就撤退的阶段。

这些就是商业的基本逻辑。互联网人才不是很多吗，为什么米课遇不到有威胁的竞争对手？这就是我们下面要讨论的一个问题——市场大小。

市场大小——细分市场赢家通吃

外贸在线培训本身就是一个不大的市场，小市场有很多人看不到，看到也不愿意做或者做不了。如果米课去做英语培训一定没做外贸培训做得好，因为市场虽然大，竞争者也多，大家的资源千奇百怪，还有资本也较多，一个比一个格局大，反正用的不是自己的钱，投入都很舍得，总之是个起步就要上千万元的项目。外贸培训这个行业就不一样了，我面对的竞争对手可能都是“小学生”段位，我如果是个“中学生”就能打败他们，我要是个“高中生”就可以主宰他们，我如果是个“大学生”就可以通吃市场。网络上有一篇文章叫《降级论》，说的就是这个道理，它和我最喜欢举的田忌赛马的案例是一个类型。在细分市场中，一旦我能在客户大脑中拥有清晰定位，让人说起外贸培训，第一个想到的就是我的课程，不管他们买不买，我已经成功了。

在创业的过程中，我建议大家不要过多考虑市场大小问题，在中国这个地方，再小的市场也很大，你能做到细分市场的第一就非常非常棒了。要知道我在新西兰创业的时候，这个国家只有400万人口，在中国，再小的细分市场客户群也不止400万人，这就是我在国内创业最振奋的地方。

官网制作

分析完整个商业模式之后，我要赶紧完成的就是米课的网站，这也是N+1体系最核心的一个环节——成交场所！成交场所就像售楼处一样，高档楼盘的售楼处一定非常大气，门口站着两排老外，为你提供管家式的服务。走进大堂，一位身材高挑气质极佳的售楼美女会热情地招待你，售楼处里还有五颜六色的甜点美食随便吃，鲜榨果汁随便喝，样板房做得格外精致，让幸福的感觉扑面而来。在这种环境下，只要这个售楼处满足你三个条件，你十有八九会下手。第一，这个楼盘品质的确不错；第二，价格在承受范围内；第三，有购房需求，在中国还要再加一条，未来房价看涨！这样一个成交场所的转换率是极高的。说这么多我只想说明米课也需要一个成交场所，不光是米课，我们所有做外贸的朋友都要注意网站对客户的吸引力。在筹备官网制作上，我花了足足3个多月时间，完成了十几个页面。我对每一个细节都极其挑剔，就像在一个高档的售楼处里，你是无法忍受角落里有垃圾的。我要呈现的就是让客户觉得耳目一新的网站，能让客户在一刹那恍然大悟，原来在线教育可以这么做。总而言之，超出你的预期。

整个官网保持简洁、清新的风格，10 个系列的课程用 10 个精致、色彩鲜艳的图标代表，让人看了就觉得可爱，愿意去了解我的产品。首页的小图标排列成一个矩阵，每一个小图标点击后就会颤抖两下，然后像气球爆炸一样消失，首页所有的小图标都点击消失后，还有彩蛋出现！没错，是彩蛋，和你看好莱坞大片结束后的彩蛋一样，我花了非常多的心思在网站的设计上。

在报价页面，我依然是通过彩色图标来区分三个套餐的价格。之前我读过一篇心理学文章，说绝大多数人不能忍受得到的东西又失去。我在报价页面利用这个心理，设计出了让中级、高级两个较低的套餐中呈现和超级 VIP 一样的全系列课程图标，2 秒后中级和高级套餐中的部分课程图标自动爆炸消失，只保留它们包含的课程图标。我知道这一定不是米课近 9 成的客户都选择超级 VIP 套餐的原因，但我相信在细节上，它有潜移默化的作用，专治和我一样的有严格挑剔完美控的人。

第一个办公室

所有的东西都准备好了，我也已经在工商局注册了南京米课网络信息技术有限公司，商业模式也很清楚了，那么万丈高楼平地起，第一件事就是解决办公场地的问题。老外创业喜欢从车库开始，咱们国内不流行车库创业，我只好在自家书房创业了。好在我家比较大，我专门留出了一间做录播室和办公室。我计划着米课正式上线运营一个月后就搬出去办公。因为一个月我手上就会有不少数据，通过这些数据我可以对这个项目有基础的判断，知道它是否和我之前推测的一样有市场，产品是否被市场认可、效果如何，客户反馈如何，市场是否足以让这个项目生存。这些问题都会随着项目的开始而有答案，所有的前期准备也都是为了这一个月的试验。

这个所谓的办公室就这么搭建起来了，墙面上挂着我特地从深圳定做的用来做录课背景的玻璃白板，我和当时唯一的一个员工一人一张桌子开始了米课的经营。

居家办公的唯一好处就是阿姨每天会帮我们把饭做好，在这一个月里，我们每天在一起吃饭。小区环境很好，是新加坡人设计的，我喜欢在院子里边散步边谈工作，因此，邻居们经常可以看到我们两个大男人走在小区里谈论工作。偶尔我还需要给他打打鸡血，“你看马云以前不也窝在小区里嘛，这是一种创业精神，也是值得我们以后回忆的，很快我们就要搬出去了，这种感觉会更好”。我们在我家度过了一个多月的创业初期时光，完成了米课前期的所有准备工作，就等着上线了。

米课正式开张营业

有惊无险

中国人图个吉利，我虽然在国外生活了10年，但骨子里还是一个中国人，我经常和朋友开玩笑说，“你看我虽然拿了绿卡，但从不换国籍，因为我有一颗中国心”。我选择了4月18日这个日子来上线米课。在上线的前一天我很激动，如果说之前米课在构想阶段有很多不确定的因素，那么随着米课网站的完成、课程的录制、很多营销推广渠道的设计，我对这个项目的信心空前高涨，我预感米课可以成功。在上线前的一周还有一个小插曲，就是我的电脑硬盘坏了。因为米课录制后期导出录制软件很费硬盘，所以我的硬盘直接崩溃了，而我所有的课程都在硬盘里，我没有做任何的备份。当时我已经做了最坏的打算，再花一个月时间重新录制视频。还好我找了专业的硬盘修复专家，总算保住了原件，没有耽误米课的正式发布。这应该算是好事多磨吧！

那会儿米课的主要宣传渠道只有3个，一个是我的博客，一个是我的新浪微博，还有一个是邮件订阅，在这里有一批一直在学习我博客、关注我微博的朋友。米课早期和所有初创公司一样，没有核心竞争力，也没有秘密武器，一切都是简单而平凡的。初创有个好处，别人不知道我，知道我也不会把我看到眼里，这给了我一定的时间去发展。米课是幸运的，4 月 18 日上线那天我们就有了十多个报名的学员，这应该是我通过博客、邮件订阅列表和微博 3 个渠道发出的通知带来的转换。我清楚地知道第一天的业绩应该是第一个月最好的单日业绩，我集中分析过很多粉丝对我博客的喜爱程度，所以第一天我基本就预估出了当月业绩，而最后这个数据误差只有 20%。今天回头看，一天十几单对现在的米课而言只能算是单日非常差的业绩，但对当时的米课来说这十几单无疑是一针强心剂，告诉我这个视频模式是被认可的。接下来我要确认的就是我的产品对客户的帮助到底有多大。米课的视频在那个时间段是非常新颖的，很多客户未必能接受。

固执的第一位客户

米课的第一位客户姓王，女性，我相信绝大多数的老板都能记得自己的第一个客户，米课也不例外。我们的第一位客户之所以让我记得那么清楚，不光是因为她是第一位，还因为我们奇特的交易过程。在米课上线的第一天，虽然我们已经有了基础、中级、高级 3 个级别的套餐，但高级的课程并没有完全录制完毕，还需要半个月时间才能全部录完。我们还是先上线了，和现在流行的一本书《精益创业》里的观点有点像。我们需要迅速把第一版产品上线去测试一下市场，这样如果产品有严重问题可以很好地补救，如果产品不符合市场需求，前期的投入也是可控的，千万不能出现那种研发了两年，一投入市场才发现没人需要的尴尬情况。当第一位客户王女士直接要报高级课程时，我试图劝她先报中级，后面再升级，可王女士执意要报高级。我只好不停地劝她降级并说明原因，最终王女士才勉强报了一个中级。

如果说王女士的案子只是一个个案也就罢了，没想到的是王女士之后来了许多个“王女士”，4 月 18 日当天只有一个人报的是中级班，其他全部都要报高级的课程，我总不能一个个劝说他们别报高级，别人还以为我脑子进水了。我只好硬着头皮上，全部给他们开了不全的高级课程，意想不到的事情发生了，当天居然没有一个人和我说课程数量和网站上的不匹配。上线一周后，也只有两三个人问了一下，而我只能如实地告诉大家课程还在录制中，半个月后可以上全，原来我担心的事情大家并不关心。我们很多时候认为客户不在意的事情，客户反而很在意，认为他在意的，他又不在意，消费者的心理并不容易猜测，所有的事情都必须用事实和数据说话。

米课 talk talk

很快我们能宣传的方法基本都使用了，米课也展露出它独有的潜力，我越发觉得在线教育会是一个趋势。不管怎样，为了增加特殊的宣传方法，我想到录制一些比较简单入门的免费视频，每周 1 期，1 期 1 个话题，让大家感受一下我们的授课风格和内容，更重要的是让潜在客户对我们从陌生变为熟悉，同时测试下市场是否能接受视频这种教学模式。这种方式就和超市里站着的小妹问你“先生，免费尝尝我们的酸奶”一样，唯一不同的就是换成了互联网的形态。其实所有的商业都不会脱离本质，现在很流行互联网思维，说到底，这只是普通的商业逻辑的一种升级而已，其本质不会脱离商业的基本逻辑。

很快我就筹备了 10 期比较基础的话题，加班加点地完成了录制，计划每周发布 1 期到我的博客上，为此我还给它起了个洋气的名字——米课 talk talk！我本以为米课 talk talk 会给当时的业绩带来很大的提升，但并没有，它的业绩还是很平稳。后来我仔细想过这个问题，我发现米课的转换率太高了，导致米课的粉丝看不看 talk talk 都会报名，决定他们报名的因素并不是 talk talk，所以它在当时起到的作用不大。但这东西又不能没有，为什么就留给大家自己去思考吧。

离我而去的员工

决定一个公司是否能走得长久的最关键的因素就是团队，人太重要了！即便你能以一敌百，最多也只是一名猛将罢了，要做帅才，格局上就要比将才高一个台阶。在创业阶段，我觉得必须合二为一，做将帅之才，简单地说将才考虑的是如何赢一场小战役（短期思考 + 执行），帅才考虑的是如何赢大战役（长期思考 + 管理）。你要真想白手起家做到很大规模，早期你必须有将才的本事，中期必须有帅才的本事，这种角色切换难度还是颇大的，弄不好就要人格分裂。这也就是为什么有人创业早期冲劲十足，后期乏力（将才没切换成帅才），或者早期高瞻远瞩，各种布局，可中期没到就歇业了（帅才没切换到将才，想得很好，执行力不够）。解决方案是什么？其实也很简单，不少成功的企业家做到一定程度就请“职业帅才”来打理，或者帅才上来就请厉害的将才加入团队，弥补自己的不足，这也是合作的魅力。

起步阶段的米课就两个人，我和一位员工，可惜他没有坚持下去，没满两个月就离开了公司，回老家考公务员了。临走之前他写了一封很长的信给我，至今我还保留着。大概意思是说米课第一个月业绩很不错，他期望我会发一些奖励，哪怕是一块钱，也代表我认可了他的努力，可是我没有。一开始我无法理解他居然为了这么一点点小事就离开，因为我在新西兰做生意那么多年没遇到过这种情况。后来我发现新西兰人和新西兰华人都比较直接，有问题会提；国内不少人比较含蓄，喜欢把事藏在心里，而我习惯了新西兰的做事方法，忽略了别人的感受，没有仔细去观察他的情绪，才导致这样的事情发生。

我仔细思考回忆了很久，试图找出这里面的根本原因，争取不会有第二次。我回忆着平时我俩开会，我竭力地给他解释为什么我们要这么做，我想把我的创业激情带给他，我想让他和我一样努力奋斗，而我却没有给他一份很高的薪水，也没有给他任何股份，说白了，他一定感觉这关我什么事呀。换作我是他，我也会这么想，所以针对这件事情我给自己立了三个规矩：

- 我创业是我自己的事情，不要指望员工和我一样卖命，人家没理由这么给我卖命；
- 尽量支付公司能负担的高薪，高于行业标准，根据薪水要求员工做事；
- 尽量提高公司的福利待遇，创造良好的办公条件，营造团队气氛。

乍一看第三点团队气氛好像和这件事没关系，其实关系很大。我知道第一位员工之前工作单位给的工资没有我公司多，为什么他以前没有这么快离职，而在米课会？就是环境气氛的影响和羊群效应。以前的公司因为大家拿的都差不多，别人没因为薪水离职，自己自然也不会，团队气氛的确可以暂时缓解这种问题。我不建议压制员工工资，对于人才来说，给的工资越高越好，他们会创造出你想不到的价值。我愿意给高薪，只要能帮助公司成长，为公司做出贡献的人就应该获得相应的回报。

比较让人安慰的是在这一次之后，除了米课认为不合适主动劝退的员工，目前20多人的团队里没有一人离职，而且我认为在以后很长的一段时间里大家都会相处愉快，合作顺利。

推广模式——广告 VS 口碑

很多人对米课的推广模式很感兴趣，其他行业模仿米课模式的人总疑惑自己好像什么都做了，都学了，为什么还是做得不好，这关键点就在于米课早期就制定了“口碑为主”“广告为辅”的推广模式。口碑可不是说模仿就能模仿的，这需要你的产品质量过硬，而且客户还愿意去传播，要做到这一点并不简单。

言归正传，经过一两个月的运营，我发现有些客户已经做了一些外贸网站，有的已经收到询盘，不管有没有成交，不管询盘质量是高是低，他们都很兴奋，因为他们怎么也没想到自己可以做出一个像样的英文网站，而这个网站居然还开张了！他们迫不及待地分享给他们的朋友、同事，而他们的同事就会问他们在哪儿学的，他们中的一些人像米课的托儿一样带着激情告诉他们的朋友，他们的激情是很容易感染别人的；另外一部分腹黑的人则很低调，只炫耀，不宣传，他们不想分享出去。但值得高兴的是，愿意分享的人还是占了大多数。

在别人眼里这条信息也许不值钱，在我这儿，这条信息太值钱了，它确定了我们产品的设计方向——一定得教学员做出能带来询盘的网站，完成N+1体系。同时，它也确定了我们的宣传方向，按着这个思路米课的口碑之路要起航了。根据米课报名前表单统计的数据，40%以上的学员来自推荐渠道，这意味着只要做好产品，这部分学员是没有推广成本和销售成本的，他们可以为公司带来更高的利润。

在确立了以口碑为核心宣传方式的基础上，适当的广告投放也是必需的。比较郁闷的是，我们的广告预算一直都用不完，一是米课的广告投放非常精准，省了很多不必要的费用；二是外贸这个圈子比较小，值得投的地方我们都拿了最好的位置，可广告预算一直远远大于实际开销。当然，在前期这无疑帮助公司节省了费用，而后期我们则要想办法把钱花出去。我还是比较喜欢重磅的集中式投放，只不过在这个阶段，我们的市场还不是很适合。

第一个月盈利 7 万元

米课上线一个月后，我们盘点了一下，盈利 7 万元！这个数字虽然不大，但是证明了我们在做的事情是对的，我们的模式也是被认可的。很多创业者都会被误导，认为创业初期很难盈利，能活下去就不错了。我觉得这样的情况固然有很多，但是你抱着这样的思路去创业凶多吉少，从第一天开始你就要想清楚你的产品和服务靠什么赚钱，别不好意思提钱，公司赚了钱才有动力做出更好的产品，才对得起客户。我还真没看过亏损的公司能做出什么好产品，当然那些玩资本的可不算，人家账目是亏损，股份值钱得很，比如亚马逊、特斯拉、京东这一类。

米课第一个月总算是开门红，我们没有庆祝，我也没有兴奋。在我看来，到目前为止我都在重复使用我过往的技能和经验，做着和以前思路差不多的生意，无非是以前卖产品，现在卖服务，这个业绩也和我刚做贸易的时候差不多，我没有感觉到自己的进步，但是我看到了不一样的前景。我知道在线教育的业绩增长会远比我之前的贸易快，而中国的市场比新西兰更大，这两点是我当时想把米课做好的原动力。

恒温恒湿办公

公司盈利了，模式看起来也还不错，该实现之前搬家的想法了。

家和公司在一个空间，我已经无法接受了，于是我开始寻觅第一个办公场所。看了很多地方，我都不是很满意，加上我们有一个比较特殊的要求，就是要隔音，可以录课！这可难倒我了，因为大多数的写字楼隔断都是用玻璃或者石膏板做的，不隔音，即便隔音，还不能开空调，空调的风录音的时候很容易被收进去。我们需要的是一个民宅一样安静的可以不开空调的办公场所。最后，我们在南京河西 CBD 找到了一处高档住宅，说它高档因为除了房价之外，整个房子是恒温恒湿的，这意味着每天我都不需要开空调，房间里温度是恒定的！当我走进这个房子的时候，我发现太适合了，欧式风格，阳光扑面而来，房间里空气极其舒适，我确定这太适合米课办公了。这儿交通也很便利，离地铁一号线只有几分钟路程。虽然价格比写字楼贵出不少，但是我喜欢这样的环境。

虽然现在米课还是搬到了写字楼，但是无论是我还是同事们都无比怀念那个小区。如果小区里有足够大的户型，我们还是愿意继续在那儿办公。

新模式探索进行时

布局线下销售

我们的线上渠道基本已经形成，我知道随着时间的推移，我们的产品会越来越火，我开始思考着拓展线下的渠道，因为我总觉得即便将来米课品牌在网络上再厉害，还是有很多外贸人根本不上网，要让他们知道米课这个品牌有难度，就好比玩网游的人从不看电视广告一样，米课的线上渠道做得再成功也很难影响到这批人。而这批人里包含了很多外贸公司老板和公司里没时间上网的人，他们很难了解我们的产品。针对这部分客户，线下销售就很有必要了。开拓线下市场，搞销售这套，不是我最擅长的。最好的方法就是找到合适的人做这一块儿业务，我可以专心地做好产品。我花了不少精力去找人，先是从周围的朋友找起，找来找去也没适合的，他们多数都已经是老板，或者在一些很不错的企业做中层，他们不可能放弃这么稳妥的工作来跟我干这些陌生的事情。我决定在行业内找，功夫不负有心人，还真让我碰到了一个我觉得合适的人选。

与 D 的约谈

通过朋友介绍牵线，我认识了 D。D 以前先后在两家外贸服务公司做销售总监，比我小两岁，对我们的产品应该可以很快上手。经过几次正面了解，我们觉得彼此都很不错，经常有事没事就出来喝喝茶，聊聊公司情况。D 是个聪明人，没有着急跳过来，而是通过很多次的对话、吃饭，甚至是我们两家人一起旅游，来对我进行全面的了解。就这一点，我觉得 D 的确是一个心思缜密的人，就和他一起畅想了很多未来的规划，虽然我们还没有正式合作，但基本上已进入合作前的了解期。合作这种事情其实和小两口结婚差不多，总会遵循下面这个过程，谈恋爱—蜜月期—新婚—婚后激情— 激情退潮—疲惫期—理智对待期—离婚/白头到老。大部分合作都会结束在疲惫期，而现在我和 D 已经度过了理智对待期，不管未来如何我们都会非常慎重和珍惜。

我和 D 的“恋爱”谈得如火如荼，谁都知道，在恋爱的时候双方都是看对方优点多些，但是恋爱谈久了总要表白进入下一个阶段的，和谈恋爱表白一样。在一个夜晚，我们在一起终于聊到了具体的合作。我抛出了一个极具诱惑性的方案，按公司注册资金额出让30%的股份，这基本上是送钱，要知道那会儿公司一个月利润就过10 万元，也就是只要一个半月的时间这笔投入就可以收回成本！虽然公司还没做几个月，但是这种利润，这种价格出让，从任何角度看都是值得购买的，等于 0.5 倍的市盈率，可见我多有诚心留住人才。可就这么好的条件居然没谈成！为什么呢？因为 D 在我找他之前正计划着去德国留学半年，也就是说他正面临着不去德国和我干，还是去德国回来再和我干的选择。

当 D 告诉我这个信息之后，我思考了一会儿，告诉他，他如果决定去德国，回来的时候公司肯定不是这个样子了，我也不可能再按这个价格出让股份给他，他要考虑清楚。同时，我给了他几天时间考虑，几天后考虑好我们再谈！

理性分析 D 的抉择

几日后，D 又约我到茶社谈这件事情，在感谢过我提供的工作机会之后，还是告诉我他想去德国学习半年。我对这个选择很惊讶，后来仔细想想也在情理之中，第一，D 和我虽然在“热恋期”，但是那么快就谈合作的确过早；第二，D 的年纪比我小 2 岁，这个时间点是他出国的最好时机，以后有了孩子、事业之后去读书肯定难度和阻力更大，如果不趁年轻时候出去走一下，以后也许会后悔；第三，也是 D 后来告诉我的，他对我报的这些数据不完全相信，因为他们做销售的一般都喜欢报高点，可我是个实在人，这种事情上更不可能虚报业绩，无论如何，当时我们的信任感还没完全建立起来。总之，D 没有接受我提供的这份工作，我们也只能走一步看一步，继续保持联系了。

在 D 的这件事情上，虽然他暂时拒绝了我的邀请，但是我还是觉得这个人有前途，如果他算清楚这笔账的话，应该知道将来加入米课他会付出更高的成本。我觉得 D 不是一个看短期利益的人，这个人很难得能够坚持自己的梦想，这一点我很钦佩他，所以我决定再给彼此一个机会，一方面继续做好米课的产品，另一方面等待合适的机会，再谋合作。

这个课程顾问确实牛

D 的事情过去一段时间后，我们的客服接待工作量更大了，咨询量每天都在增加，还有学员提的各种问题需要解答，这个时候我们急需增加客服来解决这些问题，而实际上应聘的课程顾问并没有能力担任我们的课程顾问岗位。因为大部分人对我们的产品都了解不深，培训这样的人所需要的时间非常长，也可能花了时间，人还是没培养出来。我决定打个错位，去寻找原本就很了解我们知识体系的人。这些人应聘的岗位一般不是“课程顾问”“客服”之类，而是“海外推广专员”等，他们在专业知识上更容易培养，而他们不擅长的就是和顾客聊天，但我觉得这个比专业知识要容易培养多了！

我面试了几个人之后，还是决定选择我之前的老同事，她在Z公司就负责推广，工作细心，之后又跳槽到一家做动漫模型的B2C公司做推广。我直接把她挖了过来，起初我还不太好意思开口说让她做客服，怕她觉得有落差，毕竟之前的工作好歹是门技术活，现在变成和客户聊天。但让我没想到的是，她欣然接受了。之前她没有任何接待经验，我告诉她只需要记住两点就可以了。第一，只回答客户问的问题；第二，客户没问的问题不回答，不主动销售我们的产品。说到底，我们要保持高姿态，我们产品很好不需要强卖，不需要销售它，让客户自己做决定。这样一来，我们的客服工作就简单很多，她也有时间同时处理很多的客户。这个方法带来的结果是，有时候有学员会向我反馈说我们的客服态度不热情，其实这都是我故意安排的，我觉得这总比有人向我反映我们的客服只想把产品卖给他要好。

现在她已经成了我们公司资格最老的课程顾问，她最佳的成绩是一个月一个人接待完成80多万元的销售业绩！这个记录直到18个月后才被另外一个课程顾问打破。

我是神奇客服

在米课的第一年里，我也经常充当客服的角色，晚上和周末的时候一般我都会亲自上阵。那会儿我们还没有晚上和周末值班的客服，而我们的咨询量特别大，我只能冲上前线，一方面了解学员的心态和需求，另一方面体验和改善我们的销售流程。我经常尝试各种聊天方式，把效果好的总结分享给我们的客服。比如有一次有人咨询 benefit 和 feature 有什么区别？我想我们又不是教英语的，不过还是灵机一动回了他一句，“一个女生胸部很大那叫 feature（特征），摸起来很舒服那叫 benefit（好处）”，这个段子被米课学员传了很久，一度评为神回复。我的脾气可没客服们那么好，对于那些毫无主见、不动脑子咨询的客户，我一般比较不耐烦，比如有人咨询是不是报名米课一定会有订单，我直接回答他三个字“不保证”！我记得有一次不知道为了什么事情，有一个咨询客户对我说，“我周一要向 Mr. Hua 投诉你”，我一愣，有点羞愧，只能回了句“好吧”，当天晚上这位咨询的客户就直接付款然后丢给客服一句，“我付款了，帮我开通”。我虽然服务得不够好，但是我们的客户没有因为这个而放弃我们的产品，还是忍着不痛快购买了，我很开心，这说明我们的产品有吸引力，要不客户早气得走人了，更不会很丢面子地回来报名。这说明我们更应该把时间和力气花在打造产品上，产品好，客户自然抢着来买，产品不好，你就算每天笑脸迎宾，别人也不会搭理你。

打磨核心价值——课程质量

想要做好生意的根本是什么？就是有一个好产品，每个产品都有自己的寿命周期，而一个公司的业绩是否能维持长时间的增长，就在于产品是否能不断创新，是否符合市场新的需求。米课还是一个刚出生的婴儿，在产品寿命周期的最早期，需要我不断地注入能量给它。我们产品的销售已经稳定下来，我估计以后每个月都会有增长，我们产品的成本又很低，公司可以保持高盈利地生存下去，下面要做的就是打磨好产品。我花了大量时间继续优化课程，从 170 多节课程增加到接近 300 节，每天我都在整理最新的资料和案例，或是思考更好的讲课思路。有几个月的时间，我的重心就在课程质量上。我不关心销售额，不考虑增长是不是够快，我确定这个阶段多花点时间把产品打磨好是关键。

记得那时候最初的课程主要是教大家如何做推广，国外各种主流或非主流的方法，我们的课程都包含了，但是我忽略了一点，很多外贸人连网站都没有。即便有网站也是摆设，老外都不愿意多看几秒的那种，这也意味着他们学再多推广的方法，自己的网站不过关，带来的流量还是会被浪费掉，不符合我们 N + 1 系统的原则。为了帮助学员做出好的英文网站，我开发了一套 WordPress 建外贸网站的课程，手把手一步步教完全不懂建站的人做出一个专业的外贸网站。我们把所有的知识串联起来，构成了今天的米课核心知识体系。

最让我感到欣慰的是，我们的课程效果远比我想得要好，最早用我们课程建立网站的一批学员如今早已订单如水流。我们有一位学员来自温州乐清，他根据米课教授的内容完成了建站和营销的布局，获得了他们行业里非常多知名采购商的询盘，他告诉我连他们行业里最大的德国采购商都特地去温州看他。他为了感谢米课，带着一批温州商人学习米课。后来像他这样的学员越来越多，他们经常发邮件或者微信给我。如果去翻我的微信，你会发现每周都有这样的事发生，后来，我也就顺势用他们的来信截图在微信上做宣传推广，不得不说，效果相当好。

让客户先赚钱

说到学习培训这种事，谁愿意天天学习呢？换了我我也不愿意，我宁可多花点时间去旅游，除非学习这件事能让我在事业或者生意上有显著的提高，那我会拼命地学习，这才有动力嘛。米课学员社区有一个板块，大家晒自己做的配图的米课笔记，我一看吓一跳，真惊人，一本一本的，一个比一个认真，你难以想象！如果你去看看那些帖子肯定会被他们的学习精神感动，太认真了。这背后的驱动力是什么？就是米课能让我们的学生在各自业务里获取更多的询盘，这是我们学员最关心的也是最迫切的事情，而米课第一年的首要任务就是解决这个。有人做在线教育最初就搞各种炫目的学习功能、手机 App 等，看起来很棒，可是这些公司很多现在都消失了。我觉得他们做反了，在我看来，内容质量才是最重要的。创业的初期只能集中做好一样，我选择内容，我觉得学员根本不在意是拿手机学习，还是拿电脑学习，有手机肯定更方便，但这不是最迫切的！我最先解决最迫切的问题，让客户先赚到钱才是重要的，其他都可以搁置。因此，我们米课的 iOS 端 App 在第三年才做出来。这看起来慢了点，其实一点也不慢。

随着时间的推移，越来越多的人知道米课，他们的传播都是正面的、积极的。在米课，我们的原则很简单，就是让学员有收获，让他们的投资获得超额回报，让他们做生意的方法多一些，渠道多一些。应了一位老前辈说过的话，“中国的消费者很可怜，长期被欺负欺骗，你只要对他们好一点，他们都感动得一塌糊涂，到处帮你宣传”，我觉得米课在最初就做到了对他们好一点。

客户反馈收集

不知不觉米课已运营了大半年，早期的学员早已学完之前的课程，开始进入下一个阶段。为了统计数据和促进宣传，我们开始收集学员的反馈和学习成果。为了不打扰学员，我们采用表单的方式进行调查，这是我们最土的调研方式，不像今天我们的大数据分析可以分析到学员的学习时间、测试结果等很多数据。方法土归土，却很有效，我们一下子收到了几百封学员的调研反馈表，看得大家激动万分，都是各种表扬。后来我把这些评价都放进了我的博客和官网，给那些犹豫不决的客户看。

米课成立的三个季度里，我们的业绩从最初的 1 个月盈利 7 万元上升到盈利 20 万元，速度相当快。掐指一算，D 也快从德国回来了，我必须做出一个决定，是否要 D 加入一起做。同样，此刻的 D 也担心我会不会改变主意，米课的利润和增长都不错，而 D 错过了米课的第一年，这时候想进来是有难度的。

商讨合作方式

D 回来的时候恰好是 2013 年的春节，他约我过完年出来谈一谈合作的事情。在一个茶社里，他谈了不少在海外的见闻后，问了我对合作的看法。我的看法比较简单，首先是这个人公司需要不需要，其次是什么条件大家能接受。对于第一点，我觉得有人愿意加入没什么坏处，只要人品端正。D 和我的性格有些互补，他善于交际，也热爱交际；我善于产品，也热爱做产品，就互补性来说，这是可以合作的。

基于以上两点，我们要讨论的就是具体的合作方式。D 很会谈判，这点也是我最初比较欣赏他的一点。在这次沟通中，他用了很多谈判技巧和策略，那天我们聊了很长时间，D 找到了一个他能出力的地方——组织线下课程的销售。考虑到我们课程单价在 3 000 元，做线下肯定是亏损的，我们计划做一个企业版，单价在 8 000 ~ 15 000

元。企业版和个人版的区别主要在课程的数量和账户数量上，这个项目由 D 来负责。这是大家分工层面的，而股权层面的则比较复杂，我们制订了一个短期持股和换股的计划方案，具体如下：

- D 和我成立一家新公司 Y，D 占股份 40%；
- Y 公司销售额达到 400 万元时，可以按当时米课的业绩把 Y 公司股份折算进米课；
- 另外 D 以 2012 年两倍市盈率的价格购买米课 5% 股权。

这个结构坦白来说就是只要 D 能把 Y 公司做起来，那么最终可以不花钱拿到米课的股份，而这 5% 米课的股权象征着我合作的诚意。

米课企业版调研

在 D 加入后，我们成立了新公司 Y，其业务主要就是开拓线下销售渠道和代理商渠道，我们的产品是当时米课的改良版。D 和我走访了一些企业，了解了企业的需求，这一块儿 D 的经验比我丰富很多，他之前多年的销售生涯基本都是在和外贸企业打交道。在走访一些企业之后，我们发现了企业需求和个人需求的不同。企业客户付钱的人一般不是学习的人，是管理者或者老板，这些人没时间学那么多东西，他要的是结果，他希望他的员工学习，而他能监督员工的学习成果。有些企业老板还不愿意员工全部学会，生怕他们另起炉灶。

这些需求和个人用户完全不一样，个人用户自己花钱买，自己看，不用人监督，他们比谁都勤奋，另外，外贸业务员薪资不高，平均可能在4 000元左右，他们愿意花差不多一个月的工资加入米课，可见他们非常重视也非常珍惜这个机会。企业可就不一样了，老板买给员工看，员工心里可能就有排斥，除非这个员工之前就想买一套米课，那他可能觉得老板还挺与时俱进的。

想要做出企业版，我们需要做一些改变。针对这些情况，我们先后增加了给老板看的“管理课程”“外包课程”“用户体验课程”。其中管理课程主要让老板学会如何考核员工的学习成果，让老板明白具体的考核指标。就像老板虽然不懂如何做账，但要能看懂财务的三张表一样，在米课 N＋1 系统下他不需要知道具体怎么做，只要知道应该考核员工什么指标就可以。增加的几个系列课程都是为了帮助老板有个大概的思路，又不用花太多的时间去学习。

那会儿我们的自主研发能力还非常薄弱，很多想法都没实现，比如帮助老板统计员工学习成果和数据，自动生成报告每周发送给老板等，这些东西且不管能否调动员工学习积极性，肯定能调动老板购买积极性。

代理商模式，败局

代理商模式启动

根据企业需求我们用了一个月时间对产品进行改造，很快就做出了可以给 Y 公司销售的产品，D 也邀请了几位江苏各地的销售老同事来做我们的代理商，我们还特地组织了一场代理商大会，邀请了代理商、行业里的潜在合作伙伴和一些我们想请到米课来工作的同事。当时的活动搞得还是比较成功的，在代理商会议上，我们非常正式地签订了代理商合同，还激情满满地向大家介绍了公司过去的发展成绩以及对未来的展望，总之我们要说服在场的所有人米课很有前景。毕竟那时的米课还很弱小，能获得大家的支持是非常不容易的一件事。同时，我们想借用这次大会向那些我们想招进公司的人展示下人气，现在回头看，那次大会的确为公司输送了两位重要的人才。

在大会结束的时候，我们拿出了一个做成江苏版图形状的蛋糕，几位代理商各自占据一块领土，大家下决心一起做好这个项目！也许各位读者会认为之后一定是开疆扩土，攻城略地，至少这氛围渲染得有点像会有这样的结局。然而创业始终是残酷的，结果并没有童话故事里那么美好。

冰火两重天

第一批加入的三位代理商性格不同，采取的方式也不相同。打响第一炮非常重要，因此我特地购买了一台 MacBook 电脑作为奖励，第一个月谁的销售额最多谁拿走，于是大家你争我抢，都在拿客户。在奖品和政策的双重激励下，公司账户隔三岔五会有单笔万元的学费进账，也就是卖 1 套企业版等于卖 3 套个人版的金额，但是总量还无法和米课相比，不过毕竟还只是第一个月。

在接下去的两三个月里，每个月代理都能签一些订单，但明显出现了乏力，增长停滞了。这是我最不希望看到的，一门生意失去了增长就失去了生命力。企业版这么快就失去了增长，让我们反思这个商业模式的问题，按当时的数据如果想增长就必须增加人力，线下跑客户太吃力了，最不值的是我们的产品没有续费的属性，没有续费就无法摊薄这些成本，跑客户的成本非常大。

这个时候可以说是冰火两重天，一方面米课个人版课程的业绩每个月都在激增，而企业版却迟迟没有增长，我对企业版也不抱有太大的期望了，D 也只做基础的代理商维护工作。有意思的是，越来越多的人想做米课的代理商，D 也开始接触江苏之外的代理商，尝试其他的城市，而我的精力则更多地放在产品端，我觉得还是网络营销的增长速度快。

外省代理商

在一次无锡的互联网大会上，有一位来自青岛的 50 岁左右的中年人拉住了我，和我聊了很久，聊他对互联网的看法，聊他在做的事情。他是个爱折腾的人，想让我帮助他一起做他的假发 B2C。虽然我对外贸 B2C 并不看好，但还是被他的精神打动了，聊到最后，他在知道我目前的工作重心就是米课的时候，也说要做我们的代理商，不为赚钱，只是和我们建立合作关系。我和 D 都觉得他的实力和所在城市可以开拓一下，于是没过多久我们就正式合作了。类似的事情也发生在宁波、深圳等城市，我们陆续开拓了几个外省的代理商，但这些代理商都和我们自己的代理商一样，头几个月还行，后面发展速度就慢很多了。

后来我总结原因，前期他们手中都有一些资源可以直接产生客户，后期需要开拓客户，业绩就不如前期了。而开拓客户的流程过于复杂，导致成交缓慢，更郁闷的是很多客户知道米课，他们更倾向于直接购买官网的个人版。我们至今还和几位代理商在合作，他们的生意并不是很好，其中一位深圳的代理商告诉我们，他遇到的客户很多都知道我们，而且是我们的学员，所以左手打右手了。

再后来我仔细思考了代理商卖的企业版产品，这个产品并不是像个人版那样根据需求缔造出来，而是我和 D 之间股份合作的产物。D 把这个产品做到一定业绩才能置换米课的股份，这个产品是为了让 D 证明他的能力而做的，不是为了客户做的，所以从企业版诞生的第一天就注定了结局。

再回首

创业就是这样，并不都是成功，在创业的路上，遇到误判导致产品失败也实属正常。我们每个人都会犯错，而且有些错误很低级，可只要终点是明确的，有些错误和教训就是值得的，不过同样的错误犯两三次就低级了。

米课 FRIENDS

经历了代理商事件之后，我的工作重心又回到了产品上。既然代理商销售情况不佳，我们把之前为企业用户准备的管理系列课程和外包系列课程也放入了个人版即将发布的超级 VIP 套餐当中。同时我还研发了 Video 视频营销系列课程和 UX 用户体验课程，并将它们全部注入米课个人版里，一下子米课就多了将近 100 多节课程，获得了非常多学员的称赞！

此时，我觉得我个人录课已经不过瘾了，开始找寻更好玩的方法。我在想为什么不拉更多人来一起录制课程呢？很多行业内的人都有各自擅长的话题和经验，他们虽然无法录制一套像米课这么系统的课程，但是录制几十节自己擅长的话题应该不成问题。我可以不断地邀请新老师参与录制课程，给他们丰厚的讲师费，把这些课程包装到整个课程体系里，作为延展的学习内容。这想法太棒了！连名字我都想好了，就叫米课 Friends！

紧接着我按计划邀请了一批客串老师，组织了米课 Friends 系列，每一位老师都来自不同的领域，他们录制自己擅长的内容，分享他们独到的经验。我们的第一位老师是 DISC 性格分析专家，这个内容乍一看和做外贸没关系，实际上关系很大，我自己就经常用 DISC 判断客户、员工和合作伙伴。了解他们所属的性格特点后，和他们沟通会简单很多，我觉得所有做销售的人都应该好好学习下这个内容，帮助一定很大。课程内容有了，下一步就是拍个视频介绍宣传米课 Friends。我对米课 Friends 这个项目太有激情了，这个宣传剧本几乎瞬间出现在我的脑海里。我打算拍一个搞笑又富有寓意的 2 分钟短视频，光是道具就很特殊，有黄瓜、肯德基原味鸡、矿泉水等。你能想到这些东西是如何串联起来的吗？哈哈，有兴趣可以去看看，现在这个视频点击已经过 10 万了哦。

有了这些内容，我将它们和原来的基础课程打包在一起，顺势推出了超级 VIP 套餐。这个套餐一发布，立刻把我们的业绩提高了 50% 以上。超级 VIP 套餐的发布，把米课的销售额带入一个新的水平，这更让我确定了要不停地研发好内容，只有好课程才能增加米课的业绩。实际上在我们这个行业，课程内容就是我的进货/库存，也许我请个老师要花费不少，但是随着学员人数的增加，边际成本越来越低，完全是三赢的模式。

再回首

我是一个创新论坚持者，我相信只有创新才能带来不一样的利润和市场，只有创新才能让消费者记住你，缺乏创新的公司很难获得高额的利润。米课Friends在那个阶段是一个很好的内容上的创新，配合了适当的宣传和包装，成为米课的重要转折点之一。创新的难度在于是否能持续，就大多数游戏公司虽然有一两款很棒的游戏，但考验他们的是能否持续不断地做出好的游戏。同理，在视频培训上也是一样，米课以后会不会有更好的创新呢？我们继续看下去。

初遇资本

慕名而来的员工

公司发展得好不好从两点可以看出来，第一，有没有人冲着你的公司来。如果有，说明你给大众的感觉是好的，要不也没人冲你来。这点我们做得的确很好，公司那会儿人人都用苹果电脑，人人发 iPad mini，在办公室还配备了游戏机、咖啡等，自然很吸引人。还有一些人是看了我的故事投奔而来。

第二，有没有人挖你的员工。有人挖，说明你的竞争对手也觉得你做得不错，想挖你的人来弥补自己的不足。我不知道有没有人挖过我的员工，但目前还没有挖成功的。

我们的第五位同事就是第一位主动找来的，女生，英语专八，形象气质都不错。后来陆陆续续也有好几位同事慕名而来，他们和公司的匹配度还是很高的，超过 90%。从喜欢你的人群里招人，肯定比正常招聘来的要好一些，很多互联网企业早期都是从用户里挖掘员工。这些用户熟悉你的产品，也认可你的产品，这两点对于一个非用户求职者来说挺难的。

在米课，我们的员工中始终保持 15% ~20% 是慕名而来的同事，因为他们的积极性非常高，做事效率高，成果也非常好，每天像打了鸡血一样。你基本不用管他们，他们很清楚自己来米课希望获得什么，如何获得，绝对不是来混日子拿工资那么简单。我喜欢和这样的人一起工作，他们很多时候比我还有激情。令人郁闷的是，我们针对的是外贸市场，慕名而来的小伙伴们的技能比较重叠，无法全收。

再搬家——团队文化建立

没过多久，我们的小办公室已经坐不下了，更重要的是我们需要一个独立的录播室。我们在这个小区里找了一套大点的房子，在新的办公室，我们留了一间房布置成录播室。整个房间中从隔音设备到录音设备、摄影器材都是豪华配置。我的原则是只买贵的，所有东西不管用不用，都要有，从摄影滑轨，到专业手托、三脚架、大三元镜头等。这里面很多东西完全用不到，比如佳能70～200mm的镜头，这个焦距在室内无法使用，但是我要的就是专业录播室的感觉，这样老师进来以后能感觉到在这里录播的不同，气氛很重要，你信吗？

提升竞争壁垒

公司一天一天发展，一切看起来都很好，客户对我们的课程满意，员工对我们也满意，唯一不足的是我们租用的第三方学习系统时常被学员抱怨，有学员说，“如果你们的学习系统能做好，你们就真无敌了”。我们当时用的学习系统的确一般，当时市场上这家供应商已经是最好的了，其他更差。我们知道迟早我们都要自己开发学习系统，因为我们有更大的计划在后面，要完成这个计划我们必须有自己的研发人员，可是那会儿我们在技术研发上实力非常薄弱，根本不可能完成这套系统。

还记得我的合伙人D吗？虽然代理商计划没有成功，但他在研发上起了一个重大的作用——引入了一位技术负责人。我和他都认同要开发学习平台，他甚至比我还急，经常和我探讨这件事的紧迫性，因此，我们很快决定立刻研发学习平台。现在回头看，这件事如果没有D的参与，以我个人的力量是无法在很短时间里找到合适的人的。

D安排我和他之前公司的技术高手见面，我们聊得很开心，我还邀请他到我们代理商大会现场感受气氛。可惜高手当时已经被另外一个“土豪老板”拿下，所以没谈成，但是高手很够意思，介绍了他下面最靠谱的程序员给我们，他们两位都来参加了代理商大会。可是那位程序员当时没表示出有兴趣，吃饱喝足后就离开了。不过无论如何我们都有了基本的了解，我觉得那一次见面很重要，为我们下一次正式约谈合作做了铺垫。

当我们决定研发自己的学习平台后，D又去和程序员沟通，尝试说服他加入米课。我们诱惑程序员，告诉他米课公司很随意，有街机游戏随时玩，有咖啡等饮料，配苹果电脑，待遇也满足他的要求，只要他能来，那些都不是问题！也赶上我们运气好，程序员正好打算换工作，就这么被“忽悠”上了米课这条船！

学习平台对米课的价值非常大，它倾注了我和技术团队将近1年的时间。我们不断开发、测试和完善，最后这个平台在功能上完全超过了以前第三方的学习平台，用户体验更是没话说，更重要的是我们对系统的数据收集、安全性、可定制性、拓展性上完全有了自主控制权。这套系统在后来不但服务了米课，还被毅冰课程，以及米课IT学院所使用。这位程序员同学也成了米课的核心骨干。

再回首

学习平台研发应该是一件战略层面的事情。今天来看，这件事情应该早做半年。大家都知道马云厉害，但他厉害在哪？在我看来马云厉害之处就在于他多维度的战略布局，他做的事情很多人看不懂，想不明白他为什么这么做，这就像你和一个高手下围棋，对方走的你都看不懂，但很快你就发现你已经“死”路一条了。我很少看到线上培训公司把钱投入技术上，他们大多花钱投广告，在乎的是业绩，而不是几年后公司会成为什么样，拿什么和别人竞争。

暂别股市

公司发展一切顺利，可我的股票越跌越厉害，我甚至使用了融资的杠杆，也就是说我的盈利和亏损都是翻倍的，进一步增加了风险。那会儿的我有一点赌徒心态，把投资当成了投机。在市场上这么多年，我也遇到过不少风浪，但是我还是生存下来了，然而这该死的融资却把我彻底打趴下了。随着股指的不断下挫，我手中股票的市值不断缩水，最终我亏损额度超过了300余万元，接近爆仓点。我的内心受到了前所未有的煎熬，每天都无法正常的工作和休息，明知这次完蛋了，却仍抱有侥幸的心理。

最终我无法再坚持了，这样下去我只能越陷越深，并且严重影响我的工作。理智告诉我，我的公司远比这笔投资值钱。虽然我知道如果再坚持一年亏损会回来一部分，或者提高一点保证金我就可以不用爆仓，但是我心力交瘁了。我觉得我整个投资思路都是有问题的，不想继续操心下去，萌生了彻底清仓，长痛不如短痛的想法。正在我犹豫是否认赔退出的时候，D和我另外一个朋友都认为我不会退出，D还扬言我要能退出就请我吃一顿2万元的大餐。其实我当时已经下了决心，只是缺个契机，D这么一说，我二话不说真的清仓退出了。300多万元的亏损变成了现实，我却突然觉得自己解放了，好轻松，虽然亏了那么多钱，但是我终于不用每天提心吊胆了。我知道自己的能力还不够，认知还不成熟，也许有一天我会再次进入，但目前我需要调整心态，把所有精力都放在公司上。

回想整个投资生涯，我累计亏损500万元（这一次的300多万元加上2008年那次200多万元），股市给我上了一堂鲜活的风险教育课，我只好灰溜溜地“夹着尾巴”走了。我期望有一天我可以整理思路，做一名真正的投资者，而不是投机者。我不知道要等多久才能实现，但目前我能做的就是搞好自己的事业，这远比投资股市稳妥得多。

我与D的二次股权交易

上一次代理商计划进展得并不顺利，虽然它有收入贡献，但是要达到当初定的D把Y公司做到400万元年销售业绩的时候，拿他在Y公司的40%的股权来置换米课的股权，看来越来越不可能了。一方面Y公司短期内看不到能达到400万元年营业额的可能性，另外一方面米课的业绩增速很快，这个增速只要快过Y公司的增速，那Y公司的股份就会越来越贬值，将来换取米课的股份数量也会越来越少。

D已经意识到了这个问题，所以在程序员进入公司后，D的状态并不好，终于有一天他开口让我再卖他一点股份。我当时有一点吃惊，因为我并没想到他会用这种方式来解决这个危机，所以我拒绝了。可D没有就此罢休，还是经常找我谈购买股份的事情。

我认为D将来对公司会有一定的贡献，最终还是答应了D。我报了一个大概2~2.5倍市盈率的价格，这已经非常便宜了，可D太会砍价了，最终我按2倍市盈率的价格出让给他25%的股权，加上他刚加入米课时的5%，累计有了30%的股权。这笔交易D支付了我100多万元现金，由于他资金周转不过来，所以我答应余款用分红来支付。

我答应这笔交易的根本原因是我相信D的能力，我愿意接受他的砍价也不是因为我不会谈价钱，我只要拖着，4倍市盈率以上成交也很正常，我只是希望大家能尽快进入状态好好工作。我打心底希望给彼此一个机会。不过这件事并没有完结，一个危机正等着我们俩。

来京会 VC

处理完这一次股权交易后，时间就迈入了2014年。一次偶然的机会，创投圈的一个经理找到我，觉得我们的项目不错，想邀请我去上海参加一次创业项目比赛，届时会有一些投资人来参与评审，我可以和大家交流一下。正好我也想知道资本对我们项目的看法，于是就欣然前往。

那天下午人并没我想得那么多，台下坐了30多位投资人，有5个项目，每个项目负责人轮流演讲10分钟，答疑20分钟。那天我的状态不错，大家对我们的模式都很有兴趣，最后我们的项目得票最高，主办方还送了我1台5 000元的三星手机。会后，我和不少投资人进行了初步的交流，创投圈的杨总事后还安排我去北京见一批知名投资人。

到了北京，我先后见了IDG、真格基金、德丰杰、经纬和浙商创投的人。沟通中并没有太多惊喜，IDG是比较大型的投资机构，单笔投资都超过数千万美元（规模大的投行不适宜投资较小的项目，一是占基金总盘子太小，二是管理成本太高），我们的项目尚小，大家只能交流了解一下。真格基金是徐小平旗下的基金，知名度较高，所以也是最忙的一家。他们项目多得看不过来，也没有和我沟通太多，我有点怀疑他们的基金经理没太理解我们项目的内容，实际上那会儿我们所处的阶段和真格的投资规模很匹配。德丰杰是国际上知名的投资机构，也是投资特斯拉的公司，在他们中关村的办公室里，一位副总裁（比调研人员高一级）接待了我们，双方聊得还不错，事后还要了我们的课程去看，不过她的情况和 IDG 差不多。经纬创投的一位副总裁倒是和我聊得挺好，一个劲儿地夸我实在。为什么说我实在呢？因为他问我觉得外贸市场培训能做多大规模，我回了句做得很好应该在 5 000 万元一年左右。他来了一句，“你真实在，我见过很多创业者张口就说能做到几十个亿，几百个亿”。我看经纬的这个人还不错，想找点时间多和他聊聊，套点在线教育行业的信息。当天晚上我请他去大董吃烤鸭，从他的口中，我大概对投行的偏好有了一定了解。

第二天我去了最后一家——浙商创投，浙商创投的办公室明显没有前面几家气派，去之前听创投圈的朋友说他们很实在、认真。一进门我看到一面墙，墙上挂着他们成功投资的公司的铭牌，贝因美一下进入了我的视线，当即想原来贝因美是他们投资的呀，这家奶粉企业在证券市场也算一支牛股了。握手寒暄坐下后，我才发现浙商创投的刘总在之前做过功课，了解了米课，甚至花时间看了我的创业日志，这的确让我有点吃惊，至少和前面的几家相比浙商创投是唯一认真对待这事儿的。更让我吃惊的是，我一边说，刘总一边做笔记，不是那种简单写几个标题的笔记，基本属于奋笔疾书的那种。难怪浙商创投的业绩一直不错，这种工作状态，尤其是提前了解清楚对方的工作习惯值得所有投行基金经理学习。和这位刘总沟通之后，他告诉我他会和他们另外一位刘总商量，然后联络我。就这样我结束了北京的见 VC 之旅。

我到底要什么

在回南京的路上，我站在投行的角度总结了一些他们的投资偏好和习惯。

- 项目市场空间要大，天花板要高；
- 公司可以不盈利，但增长率要快，在一个大的市场里，尽量占据老大地位；
- 大部分基金偏爱移动互联网，这和前两点吻合，因为移动互联网市场空间大；
- 投资额度要尽量大，比如一个人民币10亿元规模的基金，如果都投几百万元的项目，那要投多少项目才能赚钱，这是为什么你要5 000万元，他会给你1亿~2亿元，他们期望投资5~10个大项目，1个项目带来收益就能弥补其他所有的损失，这也是投行的正确玩法；
- 投资1元钱，至少要5元钱回报，甚至20元、50元，否则投资没意义；
- 赚钱的公司不一定适合投行投资，他们看不上分红。

当我对这些都理解之后，我知道我这种只肯出让5%股份，额度在几百万元投资规模的公司百分之百无缘IDG、德丰杰、经纬这样的机构，这也是为什么我前面说那会儿的公司状态和真格很匹配的原因，真格投资的都是初始阶段的项目，几百万元规模的投资。

我为什么去见投资人，初衷有两个，第一是了解资本对米课的看法，第二是如果能用5%股份换个名气回来，获得知名机构投资这个名号本身就有宣传效果和说服力，对企业是有一定帮助的。至于他们能投的那点钱我根本不需要，一来我自有资金非常充裕，当公司在1亿元以下的规模时，我的自有资金都可以扛得住；二是米课现金流很好，说是现金奶牛也不过分，没有应收账款，没有负债，每季度30%增长率，我要的只是个虚名而已。

虚名也不是说我要别人就给的，要弄到这个虚名我还要耗费更多的时间和精力游走在北京的资本圈里，我觉得这个事儿不划算，而且我一块儿好玉还要弄到求人给钱的地步，这种事我更不能干。我要做大公司规模，拓展公司领域，等待有一天识货的人送上门来。

他们果然有兴趣

投资人的事我本以为告一段落了，突然浙商创投的刘总打电话来说他们的总裁刘东秋想来南京和我见面聊一下。见面之后，刘总和他的同事一起详细问了我们项目的情况和进展，我告诉刘总我们这是小项目，一来空间有限，二来我们只肯出让5%股份，言外之意就是让他别投了。刘总来了一句，“小项目有小项目的玩法嘛”。

由于之前我已经想清楚了，所以就直接告诉刘总目前我们的阶段即便拿了钱也没有地方用，如果有一天我们要开拓更多的培训品类，又需要资金，他们也能看得上我们，我们很欢迎浙商创投参与。这么一说，刘总就很清楚了。

我和D之间的博弈

矛盾出现

合伙是一个利器，也是一个杀招。很多合伙的故事都是以悲剧结局，在米课，我和D之间的合作关系也已度过了蜜月期。在一个合伙的商业形态里，矛盾不外乎集中于利益或者权力，我们这一次的矛盾出在了利益上。问题的导火索出现在D购买完我股份之后突然患了干眼症。在之后的半年里，他几乎每天下午都去医院诊疗，用在公司的时间非常的少。在这半年里，我基本上还是一个人带着团队做产品，业绩翻了倍，我心里自然有些不舒服。

我认为这违背了之前我愿意低价卖股份给 D 的初衷，加上购买股份的款项也没有完全支付，我和 D 商量要购回他 10% 股份，他一开始拒绝了，这让我和 D 的关系变得异常紧张，彼此有一周的时间基本不说话。后来双方冷静下来，D 答应卖 10% 给我，但价格比我卖他的贵了一倍。这可把我气坏了，我想，这半年业绩和产品都是我在抓，把公司业绩做上去了，反而成了自己给自己下的一个套。我没有同意，就这样我们又僵持了一周多。我和 D 都知道这样闹下去两败俱伤。这件事情发生在 2014 年 2 月份，离过年很近，我很希望在年前解决这个问题，否则拖到年后会对公司产生很严重的影响。我知道哪怕 D 不肯卖，过了年我也必须接受这个事实。我必须调整好自己的心态，如果继续闹矛盾，带来的后果和损失是远远超过这 10% 的。

打破僵局缘于一家比较大的年营业额 4 亿元左右的线下教育公司找到我，提出要收购我们或者让我去负责他们外贸部培训的课程项目并成立独立公司。当时 D 担心我真的不做米课，跑去另起炉灶，于是约我出来再谈。这一次我们都比较理性，我们清楚一旦股东之间闹矛盾那是灾难性的，最终我们达成我大概以高于他购买价格 30% 的价位回购 10% 股份，这是一个双赢的决定。

完善的制度 + EQ + RP

经过几次股权交易，我们发现我们在炒自己公司的股票，这是一个隐患。很多公司都因为股东之间有了不可调解的利益问题而被影响。我曾经花过一点时间研究合伙人公司的结局，发现要想和谐共存除了合理的制度外，合伙人 EQ（情商）也很重要。我这里说的 EQ 特指一个人的常识（common sense）和同理心，这方面我和 D 都合格，有了这些做基础，只要 RP（人品）没问题，在合伙中遇到问题都能解决，前提是要有一个制度去约束，断了大家一些念头。为了避免任何一方再次轻易地提出购买股份的问题，我和D第一次深入地讨论了股权和管理权问题，我们想了一个适合我们的方法，约束了购买的触发条件——价格！之前我们双方之所以随意提出购买对方股权，根本原因有两个：第一，股权和经营权没彻底分开，否则多干的应该多拿绩效，考核的应该是经营结果，而不是股份，股份是所有权，有股份甚至可以不干活（我们之间原来的矛盾在于我便宜出让股份不是让D来当股东，而是指望他作贡献）。第二，每次交易价格都极低，2倍市盈率对于初创企业来说太低了，更别说米课增长那么快，这等于你投入100万元，第二年就赚100万元，现在回头看D的投资一年多全回来了。不说日后每年分红都是最初投资的几倍，光是20%的股份都值很多钱，所以他的眼光还是不错的。基于上面两点，我们明确了日后谁要再提购买对方股份，起谈点在3倍销售额，约等于米课的6~7倍市盈率。由于米课的销售额越来越大，早已过千万，所以大家不会草率地提出要购买对方股份的事情，而最关键的是双方对彼此持有股份的比例都觉得合理、认可，所以在这件事之后我们再也没出现这方面的矛盾。

完善商业模式

不断涌现的新思路

解决了股权问题后，终于要过年了，我满脑子都是新的一年如何继续创新突破。我信心满满，相信这一年公司会有新的变化，我那些创意、策略一个个放出来都能用到年底。过完年，我跟打了鸡血一样开始工作，先后谈下几位米课 Friends 老师，一切都很顺利。3 月份我们把 2013 年准备好的更新大课推出后，对销售额刺激很大，再次超越 2013 年最高点的 30% 以上。这时我已经在准备 4 月的大课《阿阳手把手教你 FACEBOOK》了。阿阳是我认识的华人里最了解 Facebook 的，他自己的公司通过 Facebook 获取了数百万的粉丝，我知道他的这个课程必火无疑。同时，我们自己开发的学习系统也有了雏形，我们终于看到了希望，再也不用被学员抱怨我们的学习系统不好用了。要知道以往学员都夸我们的课程，唯一一点不满就是针对我们当时用的第三方学习系统，每次学员和我们提到学习系统不好用的时候，我就像一个羞涩的小男孩一样无地自容，毕竟我是搞产品的，居然在这个环节上有瑕疵实在无法容忍。学习平台虽然还有半年多才能开发完毕，但我已计划好用这个学习平台完成一个新的商业模式，这个平台对我来说是战略中重要的一个环节。

战略就和下围棋一样，你看的步骤越多，你下的棋别人越看不懂，创业比下围棋简单得多，在很多细分行业你的对手很可能是菜鸟，你只要比他们多想一步就能完胜他们。就拿做在线教育来说，我发现很多公司都没在学习系统上做投入，他们甚至都没有意识到这件事情的重要性，更没意识到这个其实关系到公司的存亡，更不用说其他的策略了。短期内平台的确产生不了太大影响和差距，但如果把时间拉长，这会拉开公司与公司之间的差距，这给了我们这样的公司很大的机会。打个不恰当的比喻，我简直不敢相信我创业的细分市场满地黄金没人捡，这种感觉就好像二级市场中有一只5倍市盈率，股息7%，股价还不到净资产价格，另外每年ROE（Return on Equity，净资产收益率）还有20%的股票一样，虽然几年不涨，一直未被市场热捧和发掘，但它真的是黄金，只是大家还没意识到，等大家意识到它的价值的时候，它早已一飞冲天，头也不回。我想等很多人意识到这点的时候，我们可能已经不在同一个赛道上了。

改变代理商销售模式

还记得不久前我们几乎夭折的代理商计划吗，虽然代理商计划本身没有成功，但这不代表我们的代理商没能力，恰恰相反，我发现我们南京本地的代理商L一直坚持着，从他的身上我看到了坚持的品质。由于他和我们在同一个城市，所以我们的来往比其他的代理商更频繁。我很早就意识到代理商做企业版很难成功，这个商业模式有问题，如果L继续坚持下去，很难有大的变化，到最后一定会和米课分道扬镳。米课还在初级阶段，我们对人才非常渴望，我们认为L属于管理类人才，我琢磨如何能和L建立长期的合作关系，甚至把L吸纳进米课体系。在那个时间点，直接吸纳L进入米课时机还不成熟，一方面L做我们代理商之前辞去了一份稳定的销售管理工作，铁了心要创业；另一方面米课股权价格比较高，购买入股不现实，唯一的方法就是做出业绩合并进米课来。基于这个想法，我萌生了帮助L完善他的业务模式的想法，等他做到一定规模再进行合并整合。

我努力让L清晰地认识到米课企业版是没前途的，很快他也接受了，关键是不做企业版做什么呢？我心里早已有了想法，我建议L去销售米课个人版，而且是通过电话销售的模式。这样做的好处很多，首先，米课不必再为了代理商分心去做企业版，可以把精力全部放在个人版上，大家的利益诉求完全统一了。其次，米课3 000多元的单价很适合通过电话销售，我们知道数万元，甚至数十万元的服务需要面对面销售，对销售能力和专业度要求都较高，而数千元的产品客户做决策的时间比较短，完全不用上门服务，通过电话就可以签单。以前他们卖企业版都要上门去沟通，虽然产品单价高，但实际并没赚多少钱，更别谈规模化了。再有，电话销售的人员培养起来比较简单，容易复制和规模化。另外，我还有一个更大的计划，在将来米课的学习系统完成之后，我们会复制到其他行业，而其他行业对电话销售的需求是非常大的。怎么说呢，养兵千日，用在一时吧！

电话销售团队成立

听了我的计划后，L对电话销售产生了很大的兴趣，但是还是比较担心电话销售是否能做成功，毕竟米课个人版完全是通过网络完成销售，严格意义上来说，当时米课根本没有销售，只有客服！因为米课从来不主动销售，都是客户通过网站咨询后直接报名。我们的客服没有一分钱提成，他们也没有销售动力，我也不希望他们去销售，我一直认为米课是个好产品，这么好的东西谁买是谁的福气，如果还要天天催人买，太掉价了。我告诉L网络上的客户是网络上的，他电话销售的客户是电话销售的，两回事。电话销售挖掘的是那些不上网的外贸公司和潜在客户，以及那些很少上网，很少和人交流，根本无法知道米课的客户，这些人就是他的目标客户。

不仅如此，我们还开出了比之前的代理商更优厚的提成方案，一个季度内，70%的销售额给电话销售部门，也就是说，他卖多少基本上都是他的。我们全力扶持电话销售团队，目的只有一个，必须把电话销售团队带出来！我清楚地知道如果将来要做大，在中国必须有一支属于自己的电话销售团队，米课最初的模式太西式化，完全通过互联网营销，没有销售人员，超轻量级团队，我们的强项就在网络营销，我们不但在课程里教学员这么做，我们自己也这么做。如果我们只想做一个小而精的公司，那么已经做到了。可是这并不是我这次创业的目标，小而精且高利润的公司我已经做过几次了，这一次我想做一家年营业额过亿元的公司。为了这个目标，我们必须中西结合，用最符合市场的模式去竞争。电话销售团队是整个战略里一个重要的环节，我们必须拿下。

L终于答应尝试通过电话去销售，那个时候他的团队只有他和另外一位员工。在我们的大力支持下，他开始开拓新市场……

战略部署——大胆设想

前面一直在说我们想把公司做大，想要做大，绝不能局限在一个细分市场，也不是嘴巴说说这么简单。我需要有一张战略图，它像航海图一样，不追求细节上的精准，但是方向不能有误。此时的我已经有了一个大概的方向，知道需要做些什么，和需要什么样的公司结构。虽然当时还没有形成体系，但是我清楚地知道将来必须走进更多的细分教育市场，我们才有机会。把这件事情反过来推就简单些了，假设我们将来有100门精品课程，那么，每个课程要针对不同的行业，有不同的老师，不同的细分市场，比如有教人开发iOS程序的，有教人做Linux运维的，有教人PHP的，有教人考建筑证书的，有教人做设计的，等等。要做成这件事需要什么呢？为什么好的老师会和我合作呢？那么多行业我怎么招生呢？我的团队要有什么样的架构才能支持这么多的课程呢？我的研发技术实力要达到什么程度呢？我把这些问题罗列后就很容易找到答案了。当然在这里我无法和大家分享所有的答案，就挑两个我之前谈到的吧。

一是学习系统，如果想要和这么多名师合作，最基础的我必须有一套自己研发的学习平台！我们研发的学习系统从数据监控、用户行为，到安全性、用户体验、功能性，再到版权保护措施，以及后期的法务问题，都可以形成完整的服务。这里面每一个环节我们都有过教训，这是做米课几年积累和完善的经验，可以给合作伙伴最大的信心。我们很早就在学习系统上进行了投入和研发，到了今天，我们手上也还有更先进的学习系统在研发，我们一直努力保持领先地位。有了完善的技术解决方案之后，我们才可以支持和数位或者数十位老师共同合作，这是基础。

二是电话销售团队这件事，大家想一想如果我们有50位老师同时合作，我们需要多少销售人员呢？1位老师1门独立精品课程，1个课程至少5个销售人员，那就需要250人的销售团队。这么大的团队基数如果在早期不把种子种下去让它发芽，后面从哪组织200多人的销售团队，你真认为有了那些投资人的钱就会有团队吗？电话销售，尤其是联系陌生人的销售可能是销售中最难的一种，而我就是要培养这样的人出来，我不指望他们谈成多少订单，我看重的是培养出这种人。如果他们联系完全陌生的人都能有很好的业绩，我把他们放在诸如网销或者主动咨询的团队里，那简直就等于委派了刘翔去参加高中生跨栏运动会。此外，50 个合作项目，它的销售方式是千变万化的，不可能只有一种，要应对这个局面最好的办法就是培养出在最艰苦环境下都能销售的人才，他们就是米课“特种兵”，将来分散到各个项目中都会是一把好手。

这两件事就是我建立米课版图过程中最重要的两个环节，也是我们这张战略大地图里的一部分，拿出来与大家分享。当然我不建议你模仿或者完全参考，因为战略只有环环相扣才有意义，单独的东西未必能帮到你的企业或者公司，具体情况必须具体分析。

“米课出版社”模式

出版社大家都很熟悉，我们从小就开始看书，长大了还在看书，只不过载体可能变化了，有人用 Kindle 看，有人用 iPad 看，有人用电脑看，无论如何重要的还是内容。出版社的运营方法我想很多人都懂，出版社的策划人去市场上找作者，作者名气越大，书卖得就越多，找他出书的人自然也越多。那么出版社和作者之间如何分工呢？我仔细分析了一下，实际上作者只负责内容部分，也就是写书，而出版社负责策划、编辑、校对、包装、设计，以及印刷、发行、销售。他们的分工非常清晰简单，出版社就是作者的“保姆”，提供专业的服务。书卖出去后，作者再获取书销售额的一部分作为酬劳。实际上除非你是特别好的畅销书籍的作者，一般写书是不太可能实现财务自由的，现在专业书能卖 1 万册就算畅销书了。

我的策略实际上就是想把米课产业的上游定位成“出版社”，只不过是视频行业的“出版社”。我们负责帮助老师策划、包装、录制、剪辑、搭建学习平台、制作网站、提供销售团队和市场推广。老师负责课程的内容，将所有精力都放在创造好的内容上，而且是持续不断地创造；他不用操心销售、技术上的事情，只要搞好内容。我们会分工明确，各司其职。同样我把课程销售额的很大一部分分配给老师，我预估老师每年都可以在米课拿到上百万元的报酬，试问这样的好事谁不愿意参与进来。有人问过我，你不怕别人抢你的老师吗，说实在的我不怕，大家的商业模式都不同怎么抢，我所有的环节都是紧密相连的，他们分得了这么多钱给老师吗，就算有，老师也会评估是和我这个老客户合作稳定还是和那个新公司合作长久。所以，无论如何，他们也无法抢走我们已经占据的资源。

此时此刻，我脑子里已经对未来的模式越来越清晰了。我觉得这是最适合我们目前综合实力的战略，我不敢保证一定能做成功，但是想要做大，这是我们必须尝试的一条路。我也为这个出版社模式想好了一个名字——米核。所有的合作老师都是我们米课的内核，这个内核代表了我们的技术、品牌、团队和文化。

把潜在竞争对手变成合伙人

秘密武器——毅冰

早在 2013 年 4 月我就开始准备扩充米课的课程体系，但从最初的米课 Friends 开始，米课的内容主要还是围绕着通过网络获取询盘，对外贸业务类课程并未涉及，这不是我的强项，而外贸业务类课程始终是非常重要的市场，米课要在外贸市场站稳，必须两手抓。谁是业务领域最有名的人呢？我想除了毅冰可能很难再找到第二个了。毅冰在最大的外贸论坛福步论坛有近千万阅读量的长帖，同时有 4 本外贸畅销书，不少外贸人都认识毅冰，他的知名度和专业度完全符合米核的要求，所以我早早就秘密地联系了毅冰，并达成了合作意向。我并没有对外公开我们的合作，一方面这是我们第一个米核项目，我要确保它成功；另外一方面公布的时机还不成熟。

我知道毅冰课程上线后，米课在外贸行业的地位就会彻底奠定，短期内不会有被挑战的可能性，特别是当我真正深入地了解毅冰和他的内容以后，我想我们可能真的要成功了。毅冰的内容来自他多年的从业经验，而且他的经验很有独特性，绝对不好复制。我的课程很多内容别人学了后也敢出去讲课，而毅冰的课程其他人很难做到自己能讲，这里面的内容复杂得多，而且很有价值。我对毅冰的项目非常有信心，我知道他能成为我们第一位年进百万元的合作伙伴。我要通过毅冰的案例告诉其他的名师们，和米课合作好处多多！

最初和毅冰一起录制课程并不是很顺畅，一方面他从未这样讲过课，不是很适应。他居然把要讲的内容全部写成了文字，我一看吓一跳，一节课的内容写了满满四五页纸，我告诉他这太费事了，录制一节要几天时间，必须脱稿。经过长达两个月的训练，毅冰终于完全适应了。毅冰对课程质量的要求到了苛刻的地步，他不但把之前的课程全部重录，还找来各种案例分析和新观点放在课程里。看到这些我放心了，不管他课程做多久我都愿意等。当然这还不是最考验人的，毅冰几乎每个月都在不同的地方，多次往返在国外—中国香港—中国南京的线路上，这让我们的项目减速了很多。后来我们直接给他配置了录课的装备，让他可以在其他地方录制。就这样毅冰的课程有的是在澳大利亚录制的，有的是在新加坡，有的是在美国，有的是在菲律宾，其中他还在新西兰休假两个月，安心准备课程。我想我们以后任何一个老师都不会在这么多国家完成一门课程的录制，这也算是创造了米课历史上的一个纪录。

就这样，毅冰在安静地准备着他的课程，我们也在部署米核的技术平台，准备正式上线。毅冰的课程就像一门大炮一样，一切都准备好了，就等着他的炮弹，一炮而红已经成了必然，只不过按照进度估计还要等半年才能发射。

卡位——占据红人

外贸电商里有不少人在做“女装快时尚”，其中一个推广策略就是红人策略，找到国外对时尚比较懂且有人气的女博主们，给她们赞助费，送她们免费衣服，让她们试穿，然后拍照写评论文章到博客里。由于她们的粉丝众多，可以引导潮流，所以和红人合作成为一种推广策略。米核的项目和这个红人策略有一点点相似，我们同样需要红人，这些红人就是高知名度的老师。老师就是资源，甚至是极度稀缺的资源，这些资源必须越早占据越好。房子由于土地的因素也是稀缺资源，但是我可以告诉你房子没有老师稀缺，房子没了，花高价就可以买到，老师要是没了，你花多少钱也买不到，只能退而求其次，找二线老师。你要知道老师差一个级别，内容质量就差至少三个级别，推广难度就增加数倍。试想推广郎咸平的经济课程要比推广一个大学经济教授简单多少？毅冰的课程就是最好的诠释。能讲外贸业务的人很多，中国那么多做外贸业务的人，来找我想合作的业务类讲师多得都数不过来，我全都拒绝了。为什么？因为我只选择和NO.1合作，今时今日的毅冰就是这个行业的NO.1，我看不到有人能撼动他在外贸业务领域的地位。

图5－2

在外贸这个大领域，除了业务，还有很多细分市场，我也在挖掘这里面的红人。我大脑里有一份名单，排列着我心目中真正的红人。我只向我看中的人才抛出橄榄枝，我甚至已经开始关注外贸之外的职业教育行业的名师们，假以时日，等我们再成熟一些，我一定会迈入更大的市场去博弈。

第三次搬家

一转眼，公司又坐不下了。在另一端，我们的电话销售中心也发展得不错，估计很快也坐不下了，我们在考虑是否要将两个部门统一在一起办公。现在电话销售的业绩已经超过了以前他们做企业版代理时候的业绩，虽然占米课销售额的比例极低，但是出现了很好的苗头，也是我最希望看到的，就是人培养出来了。要知道我们的电话销售最初打的是 cold call（未经联系或预约的推销电话），什么叫 cold call？就是我们经常接到一些电话问你，“先生，你要不要买保险”“先生，你炒股吗”“先生，我们最近有一个楼盘要推出了”。接到这些电话你会莫名其妙，这些人怎么找到你的电话的，在电话销售行业这就叫 cold call。这是电话销售里难度最大的，因为大部分客户会拒绝你，有的也许还会骂你。我们电话销售中心的同事和我们网络部客服销售的是同样的内容，前者客户对你不理解、不信任，都不愿意听你说话；后者客户对你又尊敬、又喜欢、从不讨价还价、付款爽快，可谓一个天上，一个地下。但在如此恶劣的条件下，我们电话销售团队脱颖而出了好几位优秀的人才。他们每天保持数百通电话量，每天都有 20% 的意向客户和签单，我知道我们的电话销售员们很棒，将来是有希望的。我告诉他们现在一个月他们成多少单不重要，将来他们一天就可以成交现在一个月的量，现在的任务就是把自己的销售水平锻炼上去。而对于 L 来说，最重要的是培养更多优秀的 cold call 人才，他们是在逆境中生长和生存下来的，不是温室里的花朵，是决定米课未来的重要的一批人。当时并不是所有人都理解我对电话销售的期望和布局，但我心里很清楚，这是把米课做大的一个重要环节。

经过商讨后，我们决定把 call center（电话中心）和米课合并到一起办公。为了不影响别人的日常生活，公司就不能再在这个恒温恒湿的民宅里办公了，我们必须去找写字楼。最后我们在河西奥体金融中心找到了一处还不错的写字楼，地铁口出来就到，大家上下班都比较方便。新的征程就要开始了，我也期待着第四次搬家，因为每次搬家都代表着我们成长了，进步了，人多了，离理想又近一步了。

秘密筹备 Project X

在搬家前，我开始了一项秘密课程。有一次我和 D 一起到深圳出差，我们聊怎么做出无敌的产品，我灵光一现，说我们既然是教别人用好网络去做推广，吸引客户，那说再多都不如自己做一套出来给大家看，然后把这个过程全部录制下来，很真实，这里面不管遇到困难还是获得进展都是值得学习的。这种授课方式也是前所未有的，一定会很受欢迎。

好在我早年经常看美国的 Live Show（现场秀），立刻就有了全盘的想法，名字就叫 Project X！X 代表着神秘，Project X 就是一套真人秀课程，把它打包进超级 VIP 套餐里，老学员免费看到会很开心，高兴了就会和周边人介绍说最近看了一个很棒的课程，这样也能促使还没加入米课的人迅速加入，诱惑力会很大，是当之无愧的重量级课程。

想法虽然很早就有了，但是公司太忙，年初处理股权问题，年后就开始找米课 Friends 和米核的合作老师，一直处于超负荷工作状态，好在最近我开始稍微有点时间了，于是打算立刻执行 Project X，并作为三季度的重磅大课发布，以直接完成全年业绩指标。确定了目标后，接下来就是要找一家做推广的企业去帮它了。D 之前的老客户张总正好在头疼他的网站没有流量和询盘的问题，我们就顺势把他的公司接手过来管理 3 个月，和张总沟通清楚我们的意图后，张总同意把他的公司作为 Project X 的案例。一切谈妥之后我们就开始接管张总的网站，这个项目一共有 5 个人参与，我是项目的总指挥，还有 1 位美工、1 位优化师、1 位程序员，以及 D。D 负责和张总沟通对接，他刚拿到网站 Google 管理员账户就发现张总的英文官网原来被处罚了，之前他花几万块找人做的推广服务全是垃圾链接，导致网站受到 Google 算法的惩罚。这对我们的项目来说算一个坏消息，无疑增加了项目的难度，因为谷歌的惩罚如果要恢复不是短期内能做到的，但是既然合同都签好了，我们只有继续做下去，而且我相信有难度，才会更精彩。

我很快用米课教过的方法确定了项目的整体策划和时间表，我必须让学员看到我如何执行课程里的思路。这和打游戏一样，你可能已经学会了基础的发招方式，但是你还不会连招，Project X 就是给你看看怎么打连招。我认为一个项目的策划和思路是最核心的，这部分如果错了，方向就错了，结果就会失败，所以在录制 Project X 课程的时候，我花了一些篇幅录制了与工厂的沟通调研，和张总沟通客户需求和市场情况的内容，这是这个项目的主基调。你必须了解客户的产品、市场需求和销售模型，才有可能帮助他做出优秀的网站和推广策略。目前，我还没有见过建站公司做这些，这也是为什么大部分人用建站公司是在浪费钱。

Project X 项目一切都进展得很顺利，按计划应该在 8 月完成。我对此很有信心，甚至相信这必然要引爆全城，别说外贸行业没这样的课程，就国内外整个培训行业估计都没什么机构这么做过。

Project X **正式上线**

Project X 项目进展得很顺利，我们首先帮张总把之前网站的垃圾链接全部整理出来，向 Google 递交取消权重处理，这可能是个漫长的过程，但也是我们唯一能做的正确的事情。与此同时，我确定了这次项目的主要目的就是增加询盘量，这是最直接的，最有说服力的。那么从何处入手呢？我想从根基入手，也就是张总的官网。网站不是摆设，一个好网站必须能让客户产生信任，有设计销售路径，甚至要有回招，让客户还能再来。在 B2B 平台做生意不是买件衣服那么容易决定，客户需要反复调研、思考和沟通才会最终下单的。如果你希望客户在网站咨询一次就成单几乎是不可能的，你必须有一个环境，让客户首次浏览网站时能对它产生好感和兴趣，还能回来。我要为张总的网站设计一个简单的流程，让它在两三个月内就有长足的改进。

明确了具体目标之后，就要开始执行了。我们几个人做了分工，我主要负责整个项目的策划和设计，设计这东西我觉得专业知识固然重要，但对人性的理解更重要，一个好的产品经理一定是对人性把握得比较深透的。我按照课程里教学的内容来一步步地执行，从网站的 Wireframe（框架设计）到 UX（用户体验设计），再到 Conversion Funnel（转换通道设计），全部按照我的设想去做。

图 5－3

另外一头，其他的同事也按规划完成各自手中的优化工作，很快所有的事情都有条不紊地进行着。这让我想起美国有一部做汽车改装的 TV show（电视节目）叫 Pimp My Ride（帮你改装车），他们会随机选取一个电视观众的破到你都无法直视的车，然后在两周时间里进行改装，当车主再次看到他的车的时候都会尖叫起来，我想我们的 Project X 也要达到这样的效果才行。

我们大概花了1个月的时间完成了网站的所有改版和设计，就在这个时候，我们网站收到了第一封询盘，我赶紧把录像组的同事喊来拍，把这个时刻记录下来。我迫不及待地把Project X录制完毕，连我自己都爱上这套课程了，急于和大家分享。接下来的半个多月里，我们陆续收到了20多封来自世界各地的询盘，我们把这些内容录制到课程当中，我知道米粉们看到一定会异常兴奋。实际上在Project X中，我没做什么特殊的事情，只是把在米课里教过的东西演示了一遍，这就像把一套魔术当面拆解给观众看一样，能给正在学习米课的人带来正能量，他们会更坚信Mr. Hua能做到，我们也能。

到了9月，我们的Project X完美收官！我对我们所做的一切很满意，而张总也特别开心，他的网站从来没有收到过这么多询盘，而我们实际的广告投入还不到1 000元人民币，其他所有的投入都是人力和脑力，仅此而已。张总以前每年10万元人民币的推广费算是丢水里了。张总希望日后的推广由我们来做，我告诉他米课是不可能帮人做推广的，我们的合作只限于Project X，这个项目做到一个阶段后，我们就无法继续服务他了。

我们为Project X的上线特地做了一些策划，从上线的第一天，米课的销售额就开始创新高，我们的周新高、月新高都是在9月、10月。Project X正如之前的米课Friends一样为米课创造了奇迹，把我们带入全新的层面，而这一切都是创新带来的结果。我是一个创新主义者，我热爱创新，不喜欢雷同，更不喜欢模仿，我的米课注定与众不同。

永远不碰的业务

和张老板有一样需求的人很多，找我们建站的人也很多，现在米课知名度高了，找来的人更是越来越多，甚至有学员告诉建站公司你就按米课的思路建。他们能否做到我不得而知，但是从米课成立的第一天起，我就拒绝做建站推广业务。还记得我刚回国和Z合作的时候吗，他的模式就是建站推广，最多也做到了100多人，但我正是因为对这种模式不看好才极力想让Z转型做在线课程。

我认为所有的建站推广公司都做不大，我定义的做大是指靠口碑传播。中国市场很大，建站公司可以通过销售去谈单，然后做到几百人的规模，这我相信，但要做到让客户真正认可你，为你的设计尖叫是绝对不可能的。米课去做这件事也做不到，为什么呢？原因很简单，做几个优秀的网站对我们来说很简单，几十个也许也能应付，几百个就很困难了，几千个几乎不可能，更别说几万个了。这里面的核心是你无法复制真正优秀的设计，几万个网站至少要有几百个一级的设计人员才能完成，如果加上推广人员，员工数量太多，人力成本很高。米课的模式就不一样了，你要一天开一万个学员账户我都能做到，我根本不会因为生意好而限制发展，反而生意越好，边际成本越低，而建站推广这种生意模式是生意越好越痛苦，哪有人选做这种辛苦的生意？我认为一个连生意模式都选不对的企业，怎么能帮助客户在商场上立足呢？这逻辑都说不通。

在一个市场化竞争的环境里，市场就应该犒赏优秀的模式，这一不浪费资源，二不浪费人才，三能获得共赢，这才是值得鼓励的模式，这种模式必然超过陈旧的模式。而且从客户角度来看，如果这事儿不是太复杂，他们更愿意自己学习掌握。在创业的过程中，选择做什么，不做什么，是至关重要的，你选择了一样东西，自然也就放弃了另一样。学会放弃应该放弃的东西是创业者的必修课。

竞争对手不堪一击

任何一个行业都有竞争对手，无非是强弱不同而已。米课比较幸运，在最早期脆弱的时候没有竞争对手，这给了我们一个很好的发展机会，这种情况其实并不常见。我后来总结出现这种情况的原因包括以下几点：

- 我们选择了一条没人走的路，也是我强调的“与众不同”；
- 大部分人觉得在线教育不会成为趋势；
- 我们的产品核心是内容，而内容和我的背景、经验高度相关，有一定复制门槛；
- 市场不大，能人不多，也是我常说的田忌赛马里的中等马遇到下等马；
- 运气比较好。

客观来说，这5点让米课在早期没参与任何竞争就脱颖而出。但是如果这个行业一直没有竞争对手，就太不符合商业逻辑了。终于，我等到了一些竞争对手，严格来说他们算不上我们的竞争对手，应该是模仿者，这让我略有些失望，我们真的希望有实力的竞争者出现，这样才能帮米课更快速地成长。而我们的“竞争对手”都没来得及和我们过招，就因为自身对商业模式的理解错误而溃不成军。他们主要分两类：

- 抄袭党，看他的课程目录就知道一定是先学了我们的课程，用我们淘汰掉的第三方系统，按我们的框架和内容讲课，完全不堪一击，对米课连万分之一的影响都造不成；
- “挂羊头卖狗肉”类，这些竞争者稍微聪明一点，知道线上竞争不过米课，干脆弄些免费课程挂网上吸引点贪便宜的客户，实际产品是线下培训课程，但很快他们线上就做不下去了，只能不了了之，这类人真以为免费模式是万能的，他们始终不明白消费者真正的需求是什么，各位外贸同人们，创业切忌照葫芦画瓢，对商业的理解不透彻就是这种后果。

长期没有一个像样的竞争对手，让我很没有安全感。我是喜欢正当竞争的人，我不喜欢垄断，我喜欢击败对手的感觉。我想我在外贸培训行业两三年内，可能无法遇到真正值得敬佩的竞争对手了，这就是为什么我对米核的项目很有激情。我知道其他领域的竞争对手俯拾皆是，与他们切磋才是我最大的乐趣，我想和那些“武林高手”挑战一下，而实际上在条件具备、机会成熟的情况下，我觉得我胜算不小。

毅冰米课上线

9 月除了我们的 Project X 上线之外，还有一件重大的事情就是毅冰的课程终于完成了第一阶段的录制——200 节课程！这意味着米核的第一位合作伙伴正式诞生了。作为米核的第一个项目，它必须一炮而红。从战略角度看，毅冰的加盟合作更加奠定了米课在外贸圈的地位和口碑，为米课创造了很多无形的资产，毅冰的粉丝很可能因此知道了米课，甚至加入了米课；同样，米课的粉丝也会知道毅冰，从而加入毅冰的课程，这绝对可以算是 1 + 1 >2 的案例。此外，米课也解决掉了一个潜在的竞争对手，把对手变为合作伙伴。大家可以想一想，假设毅冰没有和米课合作，他就有可能和我的其他潜在竞争对手合作，甚至自立门户，如果有这么一天，那多少会对米课造成困扰。对于这么强的一个潜在竞争对手（毅冰之强在于他的内容复制难度极高，他的内容没 10 年以上的外贸多岗位经验是根本说不出来的），我的首选还是共同合作，共谋大业。在很早期的时候就拿下毅冰，是米课发展史中一个重要的里程碑。当然我的秘密武器绝不止毅冰一个人啦，大家慢慢看到后面就会知道。

毅冰课程上线当天就有近 30 人报名，成绩相当优秀。在毅冰和米课的合作关系里，毅冰主要负责课程的内容和学员的答疑，我们要求毅冰亲自回复学员的每一条提问。实际上这个活儿也只能他自己干，他那些知识每个学员提的问题都不一样，我根本培养不出专人来回答，只能靠毅冰。这肯定是件好事，一方面，学员希望能亲自问毅冰一些问题，在毅冰课里提问他不敢不回，毕竟客户付费了。另一方面，我们之间分工很明确，这样毅冰有时间和精力专注在内容和服务上，而米课专注在帮毅冰策划、推广和销售上。

毅冰课程第一个月的销售额相当惊人，当我们拿到数据后，我们知道毅冰会是我们第一位年收入过百万元的讲师，而且是在第一年。毅冰自己也知道当初我和他说的并不是虚话，这只是开始。在我看来，我希望毅冰这样的老师在米课能多赚点钱，越多越好，这样他们会更积极主动地录制课程、服务学员、创新和创造，完全不需要我费神，因为这也是他们的事业，他们甚至比我还在乎。为了更好地调动讲师积极性，我把结算周期改成了月结，这样每个月都能让我的合作伙伴们收到钱，让他们感受到把学员服务好，把课程做好所带来的回报。毅冰的课程是一个三赢的局面：

- 毅冰获得了应有的酬劳；
- 学员花了几千元收获了我一年支出百万元以上的课时费获取的内容；
- 米课拓展到了它本不擅长的领域。

我认为这绝对是一个堪称经典的商业案例。

堆高壁垒

我每天要做很多事情，也要想很多事情，其中一件就是如何堆高壁垒。很多创业经验不丰富的人不会考虑这点，而这点是决定你公司能活多久的重要指标。我曾经在堆高壁垒这件事上犯过很多错误，这都是实打实的金钱教训。我早期在 Trade Me 卖电子产品利润最高、名气也较大的时候没有及时堆高壁垒，而是躺在家数钱，导致后期大量竞争对手进入，我们的优势没有了。很多创业者也是这样，前期获得了一点小成功就放松警惕，认为可以这样持续下去，实际上是不可持续的。你看京东为什么要搞物流，它就是在堆高壁垒，壁垒高到其他电商的命脉在它手上。我们的企业虽然小，但是堆高壁垒是非常重要的一件事情，无论是米核也好，还是我们的技术团队、米粉的气氛、毅冰，或者将来类似毅冰的老师也好，我们都在持续地投入，见到人才，我们也都尽力招揽进来，这都是持续地堆高壁垒。

有一次，我在一个群里看到有人说想做外贸在线培训，底下就有人说，“你做的能有米课好吗”，在今天理性的人不会和米课做正面竞争，这也许就是为什么我们很少冒出竞争对手的原因。如果我现在是个局外人，我自己也绝对不会选择做另一家米课。这就是壁垒高的好处，如果你做的产品谁都可以轻易模仿，轻易宣传，那就是没壁垒，很快就会没利润。如果你有机会在早期做出成绩，一定要借这个机会堆高壁垒，它可能是更新生产设备，可能是招募更优秀的研发人员，可能是更新技术，这些都是堆高壁垒的手段。那些被淘汰的生产型企业和传统企业都是安乐死的，堆高壁垒要花钱，要投入，还要花时间，花精力，不是所有老板都愿意这么辛苦的。他们的共同特点就是抱怨环境不好，客户越来越少，他们希望有嗟来之食，希望有一个救世主从天而降对他们说，“给我 10 万块做推广，你就会有订单了”。他们已经过了愿意吃苦的阶段，花点小钱买到希望，是他们最愿意做的，这样如果失败了，就有了一个借口“这是推广公司的错，我看错人了”，所以说这些老板的最终结局就是被市场淘汰。

做一个善于堆高壁垒的人，做一家不容易被模仿的企业，才是在商场上立足的关键。

业绩突飞猛进

毅冰的项目加上 Project X 的上线，让米课的业绩直线飙升，公司的营收报表展示出强劲的增长趋势，我们又一次超越了之前的最高成绩，这个感觉很痛快。我热爱增长，我也追求增长，尤其是在事业发展的早期，早期如果没有增长，那么这个生意可能很难做久，增长一旦停滞说明你的创新也停滞了。每个企业都有生命周期，都会遇到成熟期和衰退期，但这不代表游戏结束，能让企业从成熟期（增长缓慢）或者衰退期（负增长）重返高速发展的唯一方法就是创新，至少这是我的商业字典里对这个问题的解释。

我们的财务报表还透露出一个信息，就是我们的净利润有点高了，即便我们已经在很多地方都做了投入，但是由于学员数量增长飞快，导致我们边际成本很低，这是一个好消息也是一个坏消息。好消息是公司运营得相当出色，坏消息是我们的投入还是不够多。前面我说过，当你初期取得竞争优势时一定要加大投入，提高壁垒，挡住潜在竞争者进入。我们虽然也这么做了，但是还可以做得更好，我们必须降低利润，牺牲一部分利润来提高竞争门槛。

在过去的两年里，米课的人员并不多，产品部门 7 个人，后来加人的电话销售员也不到 10 个人，这么少的人创造了千万元以上的业绩。当时的电话销售员还在培育期，贡献业绩还不到 10%，也就是说我们是真正高能高效的公司。我们每个人都身兼数职，我负责了所有活动、网站、文案、营销推广的策划以及课程内容等，我的工作非常饱和和繁重，我们的技术高手也负责了网站、程序、开发等，其他每个岗位都是这样。当然我们也没你想象的那么辛苦，我们始终保持着一周工作五天，基本不加班的状态，只是在工作的时候大家效率比一般的公司要高不少。

如果继续维持这个编制，公司也能应付，按马云的话说就是 3 个人拿 4 个人的工资干 5 个人的活，但我觉得还是需要储备更多的人才，毕竟将来米核的合作项目需要人，而且培养一个人是需要时间的，碰到合适的人本身就要靠一定的运气和时间。于是，我们开始了新一轮的招聘，我们需要更多的程序员、设计、策划、销售，我们要赶紧多花一点钱出去，降低公司的净利润。我也在等待一个时机去做大规模的广告，每次我在上海地铁、南京各个楼宇的电梯里、各种网站上看到 VIP ABC 的广告，我就在想有一天米课的品类多了，市场大了，也要进入主流市场。

学员变员工

米课有一位学员叫小颜，大三的时候知道了米课，很明显中了米课的“毒”，向同学借钱报名参加了米课。这本来是一件普通的事情，因为这样的学生并不少。但小颜对米课的感情越来越深，我很少参加会议、活动，那一年他两次都从外地飞来见我，他告诉我他每天都在学米课，学了很多遍。当时我觉得这个人很有干劲和冲劲，我年轻时候也这样，所以对他的第一印象还不错。

后来小颜给我的感觉越来越好，他是个相信一件事就会拼命去做的人，有一本书叫《秘密》，我相信很多人都看过，我很早的时候就看过，小颜告诉我他看了30遍以上。如果他不是真心相信这本书的内容，他怎么可能看这么多遍，这已经远远超过“相信”了。他有对未来的强烈渴望，这是最难得的。后来小颜还没毕业就找到了一份月薪6 000元的工作，而且按照米课的思路为公司做了一个非常好的英文网站，把米课的很多精髓用得淋漓尽致，完全超出我之前对他的预期。我特地为他的网站写了一篇文章做测评。小颜告诉我，他公司的老板并不是很重视互联网这块儿，我看出他迟早会离开那家公司，就给他抛了橄榄枝，让他来我的公司。我觉得现在的“90后”都特别聪明，有想法，他们和“70后”“80后”完全不一样。“70后”的人很勤奋，不计较，干一份工作可能干很久；“90后”独立、有想法，干工作不完全为了收入，有趣更重要。“80后”我觉得是在“70后”和“90后”之间，比较折中。

小颜把深圳那份工作快速结束后，就只身一人来到南京。年轻人真好，想走就走，要是30岁的人拖家带口就很难做出这样的决定，这就是年轻的优势。年轻人，可能没有钱，没有资源，有的就是选择权！以前我在新西兰从基督城迁移到惠灵顿，又从惠灵顿迁移到奥克兰，都是说走就走，但现在你让我从南京迁移到深圳就很难了，孩子、老人、各方面的关系都在南京。虽然我知道北京、上海、深圳更适合我们公司，但是迁移对我来说真的要顾虑太多。职场上也是，30多岁的人如果工作还不错，年收入几十万元的，也不太可能出来创业，创业成本太高了，万一失败，很多人再去工作就拿不到之前的收入，所以即便在公司发展前景一般，为了安定也会选择继续干下去。

合并电话销售团队

一转眼电话销售部门已经7个人了，我让小颜也去电话销售部门锻炼下。我有个习惯，喜欢调我看好的人来这磨炼。我觉得这个部门太棒了，各种高难度的任务，在困境中求生，“活下来的都是好汉”，而且在这里他能很快熟悉我们的业务。实际上小颜对我们的产品已经足够了解了，这方面他比其他电话销售人员都有优势，我把小颜调到这也是希望他能给其他同事带来不同的思路和方法，这是思想的碰撞，当月电话销售团队就再创新高了。

这个过程里，我看到了一个机会，也看到了一个危机。机会是电话销售模式是可行的，我们已经培养了7个人了，其中3个人很优秀，培养周期和方法我们都已经掌握，可以复制下去。危机是电话销售占总销售额的比例实在太低，如果想赶上米课网络主动报名的人数那要投入更多的人力，在管理上有难度。以同样的精力和投入放在网络品牌建设上，带来的投资回报会更大，更有效。那么我们当初建电话销售部门的初衷是什么呢？无非是想测试电话销售的模式是否可行，是否可以培养出销售特种兵，是否可以把L并入米课的团队。我认为这个时机差不多到了。我根本没指望过电话销售能给我们带来多少利润和业绩，我只看重电话销售能给我培养多少战斗力很强的战士，所以我决定推进合并计划，拿下电话销售团队。

把D和L一起叫来沟通了下合并的事，大家都有意向，也知道合并是大势所趋，只有合并了才有更好的资源。之所以这么说是因为电话销售之前是完全独立的，米课不输送任何客户数据和资讯给电话销售，电话销售就是白手打天下。而业务整合之后，米课有很多宝贵资源可以给电话销售团队使用，甚至业务结构都会升级，合并是一个共赢的格局。经过几轮沟通，我们最终以现金加换股的方式，把电话销售部门合并到了米课。在那一刻，电话销售的所有战友和L都算是真正的米课人了！我们又要开始新的征程。

品牌爆发期

米课经营的这几年，我们知道一定要把精力放在品牌建设上，而品牌和产品又息息相关，有好产品才会有好口碑。在品牌建设上，我要把产品设计成一个大家会爱上的产品。我始终无法忘记我第一次用iPhone时那种兴奋的感觉，当时我觉得这就是未来的手机，太神奇了。我迫不及待地和我老婆分享这个iPhone有多好用，有多好玩，她如果没耐心听，我就会生气；我也大肆向朋友们宣传，告诉他们一定要换iPhone。我不厌其烦地把各种操作一遍遍演示给他们看，我成了一个没有拿到一分钱好处的苹果销售人员，我甚至在网上和果粉们一起讨论，一起交流，一起劝说陌生的朋友。我爱上了苹果手机，这才是苹果成功的口碑营销，我相信全球有千千万万和我一样的人在为苹果做同样的事情。只有做出一个让客户爱上的产品，客户才会心甘情愿地去宣传，干着比你员工还卖力的事儿。消费者是很愿意宣传和推广他们认可的产品或者服务的，每个人都希望得到别人的肯定和认可。我希望我的米课也能让人爱不释手，让客户由衷地从喜欢到推荐给周围的人，所以我在产品设计、展示、学习难度上都下了功夫，在产品的宣传、服务和支持上也做了一些创新，而其中最关键的是我把学习效果作为核心的考核指标。我需要我的客户能较容易地学会课程，并产生实际的效果，这个效果可以体现在职场的晋升，业务的突破，订单的增长，个人思路的升华等方面，一旦米粉获取了实际的收获，就会认可米课的价值，从而产生口碑。口碑产生后，如何用好口碑也是一个非常重要的环节，而我已经开始构思一个新的模式把这些东西集合起来。

口碑给米课带来的最大好处就是大大降低了销售成本，这里的销售成本包括营销广告成本和销售人员人工成本。之前米课一直保持着25%以上的客户来自朋友推荐，现在我们感觉这个比率在不断增加。有人告诉我谷歌代理去他们公司都推荐他们学米课，阿里的部门领导推荐阿里讲师去学米课，也有人告诉我他一个人推荐了身边5个人报名米课，有人告诉我他参加一个聚会时听朋友推荐米课，有人告诉我深圳、广州等城市的米粉们自发组织很多次米课交流聚会，可能还有无数的场景中有米粉在推荐米课。他们的数量越来越庞大，辐射的人群越来越多。如果没有他们，我们可能要增加100个专职销售人才才能达到如此的效果，这就是口碑的力量和魅力。坚持口碑，抛弃传统的以销售为主，采用真正的互联网思维做公司，我觉得我们的方向一定是对的，我坚信这一点。

管理风格的改变

从创业至今，我一直把自己当超人在用，公司的各个成员都看得见。作为一个天生的工作狂，虽然我不要求员工加班，但是我自己晚上的大部分时间都在做公司的事。公司的人越来越多，岗位和职能也越来越细分，我知道很快我的精力就会被耗尽，是时候慢慢地放手了。很多管理书上说做老板你要会管理，把事情分配出去，培养人去做。我认为这句话固然没错，但要看用在公司的什么阶段，在早期，一个懂产品的创始人必须亲力亲为很多事情，把公司的基调和基础打好，我很难想象米课在早期如果单纯用管理手段去做的结果会是什么。当公司有了一定规模后，的确需要做减法。这个角色之间的转换是痛苦的，万科的王石热爱登山，那是因为王石把总经理交出来后，自己以前做的事很多都不能做，不能管了，心里难过，只能跑去登山，可见这样的风格转换的确是有难度的。

虽然过程很艰难，但是势在必行。我把自己负责的事情和部门重新梳理之后，决定一步步调整，先把不重要或不一定需要我直接管理的部门移交出去，这样一来人事、财务、行政、客服、销售就全部转移出去了，我继续负责产品、策划和推广部门。即便这样，工作量也还是很大，因为此时此刻我们的米核瞄准了一个新的市场——IT 市场，这意味着我的工作量成倍增加了，原来我只要做好米课原有课程和毅冰两套课程的产品，现在还需要负责更多的 IT 项目下的培训课程的产品。公司里还有几位有做项目策划潜力的同事，只不过需要再花时间培养并给他们锻炼的机会，同时，我也在物色优秀的产品经理和策划。今天我还可以扛得住，未来我们的课程越来越多就不行了，我必须在这个时刻开始培养人才。这个环节我下手迟了，如果早一步做就不会如此身心疲惫。

事后复盘再想这件事还真是凡事皆有利弊，我的策划和产品能力是强项，这反而导致我在这方面对人才要求高，来面试的人我根本看不上，也不愿意花时间培养。我总觉得要他们去做一件事，做一个月可能还没我做一天做得好，公司等不起。这些想法导致了我在这个环节没有提前准备足人。而在程序开发这一块儿，正因为我不强，所以我很早就准备了相应的人力，现在程序开发反而成了我们的优势，基本不需要我管理。不能否认，这是我的一个失误，好在还有挽救的机会，我立刻调了两个人作为策划人员进行培养，另外还招了几个有点潜力的新人进来学习。这个岗位也成了我们持续招聘的岗位，因为我的一盘大棋已经开始布局了。

扶持电话销售的目的

之前所做的电话销售合并、人员扩充、管理改进都是为了米核的扩展，我一直在想米课如果成功了，我们把这套模式复制到其他行业或许也有成功的机会。当然单纯地完全复制肯定是不行的，但是有不少环节是可以直接平移的，比如技术平台、销售团队、策划团队、销售模式、和老师合作方式等。最不同的就是市场环境发生了变化，其他行业竞争更激烈，对手也不同，但这不正是创业的意义吗？对未知市场的不断探索，孙正义有一句话我很认同，“一切的成功都是源于最初的一个梦想和毫无根据的自信”。

米课想向其他行业拓展必须依靠的就是电话销售。在任何一个新的市场，我们的知名度都远不及外贸培训市场。在外贸培训市场，我们的品牌已经深入人心，客户如果有需求要提高要进步要学习，第一个想到的就是米课，而其他行业却不是，客户有很多选择，我们又是后来者，要和很多前辈去竞争，难度可想而知。那么这个时候曾经用 cold call 这种方式开拓业务的电话销售“特种兵”，是完全可以用同样的方式去开拓其他市场的，这在我们拓展新市场的早期必然起着至关重要的作用，到了中后期我们则可以和米课一样通过产品的口碑来加强品牌，所以提早布局电话销售是我们跨入新市场要做的准备之一。

经过一些调研，我把市面上的在线教育分为 4 大块：职业教育、K12 教育、兴趣教育、考试教育。米课做的市场可以归入职业教育，大部分人学习是为了自我的提高，或公司业务的提高，甚至创业。K12 就是学生的教育，市场巨大，竞争也激烈，我看了一些在美国上市的公司的财报，觉得这是一个难度较大的市场，而且和我们的资源不匹配，所以方向上我不会选择这个领域。兴趣教育的种类就很多了，而且很分散，最关键的是兴趣教育不是刚需，客户转换难度大，而且收费都很低。考试类教育市场也巨大，每年有那么多高校毕业生面临考试，比如会计的各种考试，建筑师的各种考试，还有公务员等，对应也有很多的公司在做相应业务。从财报看，正保教育（中华会计网）是最稳健的，市场格局已定，壁垒较高，不容易进入。综合分析，职业教育相对是中等刚需，它没有考证那么必要，但比兴趣教育好很多，职业教育的根本目的还是提高学习者的薪资待遇，米课在外贸市场上已经做到了，我们也很了解这类市场的情况，所以我们决定在职业教育市场里挖掘机会。

猿课的诞生

在职业教育市场里，我们最终选择了 IT 教育这个市场。IT 类别的职业教育市场很庞大，我想和成人英语教育市场差不多，总之就是很大，市场规模不用操心，一旦品牌形成，可以保持很多年的高速增长，但 IT 教育行业的竞争对手非常多，从线下到线上有无数家。线下不在我的考虑范围内，因为线下在场地和师资上有很大的局限性。例如，近年在美国上市的达内教育，起家于 IT 教育市场，其通过让学生在教室看电脑里北京总部老师的直播授课，解决了师资数量不够的问题，让一个老师面对全国很多学员，这个方法有效解决了师资问题。我没想到的是，学员居然能接受大老远跑到一个教室里对着电脑看视频学习，可见中国市场有多大，什么客户都有。不过，达内就算解决了师资问题，也没有解决场地问题，他还需要不断地租场地，这势必影响它的扩张速度，我预计达内迟早也要做线上教育。

线上的 IT 教育竞争者很多，IT 大框架下的细分培训类目也很多，从 PHP、JAVA、LINUX、WEB 前端，到 iOS、ANDROID 开发，可以分出很多类别。价格从几百元到几万元不等，模式从 YY 语音到视频、音频也是应有尽有，所以表面看的确不容易找到切入点。但我们可以换个思路去看这件事情，现在是名师的时代，一个培训机构可能因为一位名师而活下来，中华会计网早期就是靠三位很厉害的会计名师开拓了市场。学生会跟着名师走，在哪个培训机构学无所谓，关键是和谁学，所以我要把精力放在名师上，只有拿到师资资源才有一线希望立足 IT 市场。此外，我们必须找到一个突破口，前面我说过职业教育的本质还是帮助受教育者提升薪资，提高他的职场技能，直接说就是让他做得更好，赚更多钱。那么总结下来我需要“名师 + 有效的涨薪 + 需求相对较高的 IT 课程 + 远低于线下课程的价格”这个模式。

思路有了，我要开始规划 IT 课程的品牌了。首先确定的是 IT 的内容绝不能放入米课品牌下，这样容易混淆，消费者对米课的认知会模糊。米课就是和外贸课程相关，放入 IT 课程就不伦不类了，更何况这两类学员的交集也很小，很少有外贸人员要学 iOS 开发，反之亦然。所以我们决定成立一个独立的品牌，大家想了一些标新立异的名字，我喜欢标新立异，正如米课一样，这个名字听起来完全无法联想到外贸，而今天，米课就等于是外贸培训。对于 IT 培训我自己也想到了一个名字——猿课，猿就是猩猩，程序员不是经常自嘲是“程序猿”吗，那么专门为这群 IT geek（互联网极客）准备的课程

图 5－4

叫猿课也说得通啦。我最初还有一点担心“程序猿”这个称号会不会有点不礼貌，还专门咨询了公司里的一些程序员，他们说没什么不礼貌，他们很乐于接受这个叫法。更关键的是这个名字的域名还能申请到，可以叫他 APE LEARN，那么我们的课程就叫猿课了！就这样我们的 IT 在线教育品牌猿课诞生了，我们正式跨出了进军 IT 课程培训市场的第一步。

Linux 课程注入

在定制猿课大框架的时候，我们开始接触一些 IT 类的老师和机构。在外贸圈，我们可以比较容易地找到毅冰这种级别的老师是因为米课在外贸圈子里的知名度和口碑，但在 IT 圈，太有名的老师我们在早期是谈不下来的，正所谓要门当户对。那怎么办？也不是没办法，找那些有潜力成为名师的老师，在他们已经有一点名气，但还不是太有名的情况下介入，这样伴随着他们知名度的提高我们还可以取得更好的收益，同时，我们也能帮助这些老师成立各自的品牌，建立更稳固的合作基础。

我把猿课的一些合作想法和模式在微信朋友圈里分享了以后，来了不少老师联系我们，看来关注米课的人远不止外贸行业。其中有一家叫阿铭 Linux 的培训机构吸引了我的注意力。这家培训机构刚刚成立不到 1 年，只有两个人，其中一位老师在腾讯技术部工作了 6 年，主要培训 Linux，他的教学偏向工作中的实战，培训方式是 QQ 群直播，定价 3 000 元以上，每期都爆满。我加入了他的学员群，随机找学生聊了下，我问他们为什么选择阿铭的课程，为什么不选择 × × 家的课程（一家较大的 Linux 培训机构），很多人告诉我知道 × × 家，但是还是偏向阿铭，因为阿铭教的是从工作经验里总结出来的，对自己比较有帮助。我想这就是阿铭的 Linux 课程为什么能在竞争激烈的市场中立足的原因：更个性化、更实用、更好的服务。

这么看阿铭的确符合我们的要求，有一点名气，有潜力，还没成长却有机会成长。阿铭告诉我之前也有一家更大的机构找过他们，要把他们的课程放进去，但是他们还是选择和米课合作，阿铭觉得我们的思路和产品会做得更好。这听起来会是一个一拍即合的合作，阿铭和他的合伙人特地从北京来南京和我们洽谈了具体的合作细节，谈判过程比较轻松愉快，双方都是能为对方考虑的人，很快大家在一个双方认可的合作方案上签下了名字，合作就此展开。我们猿课的第一位名师进驻了，他就是 Linux 阿铭老师！

米课 App 上线

移动化是大势所趋，在视频教育这个领域也不例外，越来越多的人需要在手机或者平板电脑上观看学习，我们的技术团队以前也计划开发手机“客户”端。但对于我们这样资源有限的团队来说，我们所有的开发计划只能按重要程度分批次来开展，手机端学习的重要程度明显低于学习平台的研发。没有手机 App，大家可以在电脑端学习，而没有好的学习平台，学员根本无法学习。好在外贸领域的学员并不像 IT 课程学员这样对移动端敏感，虽有学员要求我们出手机端，但比率并不高，而现在学习平台已经平稳运行，是时候将手机端的研发提上日程了。

经过不懈的努力，我们第一版手机 App 通过了苹果商城的审核，终于上线了。第一版的功能很简单，就是看课！我不喜欢复杂的功能和界面，我要的是简单，我想客户要的也是简单，他们用我的 App 唯一的目的就是方便看课，所以只要满足这一点就行了，其他功能在最初都不是那么重要。上线之后，学员们非常兴奋，终于有其他的方式可以学习课程了。我个人认为我们的课程还是电脑端学习较好，最起码也得是平板电脑，手机太小了，看得一点都不过瘾。不过对于消费者来说，大部分人要的是全，你别管我看不看，你有就对了。从任何角度看，现在完成手机端的研发是明智的，因为很快我们的猿课上线后需要手机端。

iOS 课程进驻

在我们做手机 App 的过程中出现过很多小插曲，之前我们在招聘 iOS 开发人员的时候发现在南京这个城市很难招到合适的人才！南京的高校数量众多，每年有大把大把毕业生，可是大学里没有 iOS 开发这门课，这直接导致这方面人才的短缺，很多 iOS 开发做得好的人都是兴趣驱使，自己研究和学习的。好不容易有一个刚毕业的大学生来面试，一眼看去他就是技术男，沟通后我发现这小子还真可以，虽然是前端出身，但业余时间热爱研究 iOS 开发，自己也做过不少小东西，看起来很熟练，像是能胜任，这个职位非他莫属了！我赶紧问人家要什么条件，他说工资 6 000 元/月，我说没问题，干得好很快就涨！他说他要一台 Mac Air 笔记本，因为很多东西都要用苹果的，有时候回家也要写。我说没问题，而且干满 1 年这台电脑就送他了！我接着问他还有什么要求，他说没了，我赶紧补充我们这里有年假、各种福利等。小伙子说："我两周后答复你，因为我现在实习的工作有项目暂时没做完。"我说可以，让他慢慢想！结束面试后，为了让他感受一下公司娱乐文化，我安排程序部老大和他打打公司的游戏机，让他充分感受我们公司的良好氛围。他们玩到晚上 8 点，我在家不放心，还特地开车去公司陪他们一起玩，不过不凑巧，他前脚走，我后脚到。这足以看出我多么迫切需要一个 iOS 开发人才了吧。

一周后，我有种不祥的预感，有的时候我的预感比女人还灵，我打电话给那个小伙子和他说我打算今天给他买电脑，就等他来了。他说，先别急，等他来了再买，他一定会来。话虽这么说，但我心里还是感觉这事儿有点不稳妥。又过了一周，他打电话给我，说对不起，他不能来了。我心里的石头落地了，生活还得继续，继续找吧。在后面几次面试中，没有一个人符合我的要求。大多数从业者都是在外包公司工作，就和以前建站公司差不多，一周做几个 App，数量是有了，但从未做过一个精品，更别谈运营经验了。这事儿给我一个启示，这个市场上太缺 iOS 开发人员了，而 iOS 开发人员的工资很高。iOS 开发的职业教育相当有市场，它符合我们筛选的目标市场要求：

- 可以帮助就业；
- 可以帮助提高待遇；
- 市场需求大于供给。

猿课下一个目标就是搞定 iOS 课程！D 引荐了一位资深做 iOS 的朋友——张老师，我们把想法告诉他之后，他觉得很有意思，愿意和我们合作。我问他他的课程能不能教会“小白”做开发，他说可以，我说一点计算机基础都没的人呢，他说可以学会！我让他把课程做出来，然后让公司里没有 IT 基础的人去学习，如果能学会我就上线他的课程。假如他讲课真的很好，我觉得这个课程会大卖特卖！这位讲解 iOS 的张老师之前一直是开发 App 的，有很多实战经验，我要他不断地录制新课，就像我们的 Project X 那样把一个个 App 从开始制作到结束的过程全部录制成课程。我对张老师的专业技能有充分的信心，只有一点不符合我们最初的要求，就是他的知名度。他之前一直在研发岗位，在 iOS 培训领域没有任何知名度。他和 Linux 的阿铭老师不同，阿铭在和我们合作之前已经做了近一年的 Linux 课程，在业界小有名气，而张老师是从头开始，但是我愿意一试。一来我对他的内容有信心；二来我想看看我们是否有能力培养出名师；三来我的猿课大格局在后期是要做到课程之间相互辅助的，就像毅冰课程的学员 80% 都是之前报名过米课的。同样，程序员可能既学 Linux，也学 iOS，这并不稀奇，等我们的猿课下有更多的 IT 课程后，这种用户共享互助的效果会集中爆发出来。

扩充产品内容

米问社区

米核的合作伙伴都谈完之后，我的重心还是要回到米课。米课是我们的立足之本，在未来的5年还是我们发展的重点。米核是我们的下一代，我们在培养它，抚育它，期待它有朝一日一飞冲天超越米课。米课有了口碑，有了品牌，也有了团队，但是创新并没有停止，我的大脑也没有停下思考。我在算一笔账，米课官网每天几千的浏览量，转换率很高，如果要提高业绩，最好的方法就是提高米课的流量。如果米课流量能提高10倍，那业绩理论上也能提高10倍。但是米课的官网只是个产品介绍的网站，页面数量有限，加一起估计也就100页左右，这么少的页面几乎是不可能做到过万流量的，我们原先能做到Alexa全球排名2万名左右已经很厉害了。为了增加更多的内容，我考虑过增加新闻站、博客、论坛等，但是这些太普通了，用户审美早已疲劳，而且论坛早已有福步，所以我确定了必须用UGC（用户产生内容）的方式，只有这样才能快速地创造内容。光创造内容还不行，还必须是高质量的内容，很多社区都是低质量灌水，这样的社区是吸引不了优质客户群的。

我必须和现有的外贸论坛、新闻站等做出差异，只有有差异才能生存。我决定从学员社区入手，建立一个只有米课学员才能进入的社区，通过类似知乎一样的问答形式来完成。在早期我不需要太多的用户，只要我们米课学员入驻就可以形成一个社群，我甚至不会让所有学员都进入，大家必须通过审核分批入驻。我要严格审核最早期的用户，因为他们对社区的态度和发帖的质量会奠定整个社区的质量，试想当你进入一个全是灌水，大家顶来顶去的论坛，你会去创造好内容吗？同样，当你进入一个大家都在积极讨论，每个跟帖都是数百字的社区，你好意思灌水吗？我要的就是一个精品社区，一个很多人想进来，但又进不来的社区，当然后面的这个属于营销范畴。

有了这个想法之后，我就找来技术团队让他们把程序研究清楚，而我就策划如何建立这个社区。从名字开始吧，既然是个问答社区，又是给米课学员讨论的，那就叫“米问”吧，简单易记！就这样不到两周的时间，“米问”社区就从空想到破壳而生了。

社区运营

为了测试社区的一些漏洞，我们最初只让100个用户进来，随后我们决定一个月开放一次注册，而且只开放给学员。我在微信里进行了宣传，大家都迫不及待地想进入社区，最初我们的社区是不注册完全看不到里面的内容的，这更增加了神秘感，但是这不利于搜索引擎收录抓取信息。我们的初衷还是希望它能够给米课长期输送流量，所以很快我们就把社区开放为只读模式，非学员只能看帖，但是不能注册提问和回复。

不久社区里人越来越多，热闹非凡，大家都很高兴米课终于有一个社区了。一个好的社区是要靠优秀的用户和好的内容维系支撑的，甚至需要形成社群，大家总有一天会完成学习，如果有良好的社交关系则可以持续很久。为了鼓励早期的社区用户，我们采用了积分制，最佳回复可以获得积分，而积分可以换取 Kindle 等实物。同时，我们还打通了官网和社区之间的入口，调取了社区里的精华文章上官网首页展示，让社区和官网融为一体。当然这还不够，在运营上，我们花了一些时间，开通了“深度讨论”的话题，由我或我邀请业内人士写一篇长文，然后大伙一起讨论里面的观点。第一次深度讨论大获成功，累计回复数百人，最难得的是每一个回复都超过了数百字，有不少甚至有数千字，那次讨论累计字数至少有 5 万 ~6 万字。在之后，我又陆续邀请了几位业内人士一起来分享，为社区创造了良好的讨论环境。

米问一天比一天成熟，话题越来越多，涉及外贸的方方面面，不到 3 个月就产生了 4 000 多个话题和页面，而且绝大多数都有很多人参与讨论。这么多的页面如果指望米课自己来创造恐怕要几年的时间，但是在社区通过大家的力量只用了 90 天！试想如果社区人数增加 10 倍，运营周期再延长 10 倍，这是什么数量级的网站？这里有一点要给大家普及一下，百度和 Google 对网站权重的算法是完全不一样的，权重是什么呢？一个网站权重高，那它发什么内容都很容易有不错的排名，从而带来大的流量。百度偏爱大型的网站，网站内容要多，更新频率要快，对质量要求不是太高；而 Google 偏向高质量的内容，即便你只有几百个页面，只要你的流量高，用户体验好，就很容易有很多热门关键词排名，从而获取流量。

成功抵御黑客攻击

树大招风，米课成立几年来时常被黑客攻击，当然不是所有的攻击都是有指向性的，有的攻击是大范围的，我们只是受害者之

图 5－5

一。不得不承认，我得感谢每一次的攻击，因为它，我们不断地加强技术和防御，加强数据管理，它让我们的团队成长，渐渐地我们能应对各种突发事件。印象最深的一次，是有人通过“撞库”的方式来获取我们学员的用户名和密码。根据百度百科解释：撞库是黑客通过收集互联网已泄露的用户和密码信息，生成对应的字典表，尝试批量登录其他网站后，得到一系列可以登录的用户。很多用户在不同网站使用的是相同的账号密码，因此黑客可以通过获取用户在 A 网站的账户从而尝试登录 B 网址，这就可以理解为撞库攻击。[①] 这一年 12306 出现了大规模的用户数据泄露，也就在同期有些“聪明人”开始打米课的歪主意，对米课进行了撞库操作。好在米课自身有很多的监测数据，在最早期就发现很多账户在不断地更换密码，我们很快就发现了撞库的人，并通过公安系统的朋友找到了这个人，那家伙直接吓蒙了。

这一次的撞库事件帮米课完善了注册流程，并强制所有学员将密码更改为复杂密码。我们设置了一个密码规则，确保用户在米课使用的和自己在其他网站使用的密码不同，同时还加强了其他监测系统和验证流程，你说我能不感谢这些冒着蹲监狱的危险免费帮我完善系统的人吗？要知道我们米课系统刚上线的时候，我原本打算找一家专业

① 该解释引自 http：//baike. baidu. com/item/撞库。

监测漏洞的机构做个评估，费用要 20 万元！真心感谢各位“黑客大侠”的“义务实战劳动”，你们辛苦了！

米课教材

前面说过，我曾经被学员们晒出来的课堂笔记惊呆过，很多人记了满满几百页的笔记，整整好几本。看着那些满满的笔记，我在想为什么不做一套教材出来，里面除了融合每个系列的课程要点和常见问题外，还可以放入笔记区，让学员用这套教材完成学习，又可以记笔记！

还有一点最重要的是，我始终认为在线学习配上教材会更好，方便学习就不说了，随时都可以拿教材出来复习，手感也很好。学习账户毕竟是虚拟产品，如果消费者能拿到一件实物那感觉是完全不同的，教材就是米课的一种精神寄托。有些消费者就喜欢有实物，它属于一种体验，一种消费心理，就好比这本书的内容在福步论坛都有免费的连载，但是大家依然想要一本纸质的书做珍藏一样。当我拿出一套 600 多页的教材配上课程的时候，客户的购买欲立刻会上升几十个百分点。

说做就做，我调动了产品部的几个同事，加上我自己，一人分几个系列，提炼课程精华，总结学员常见的问题，收集课后好的提问和回答，不到 1 个月我们完成了 1 套 3 册的教材，合计 600 多页的米课内部参考资料，仅对米课超级 VIP 学员开放。资料印出来后，很快我们又加印了第二次，第三次，第四次……

学员晒笔记

有的时候创意就是一个接一个地来，停都停不下来。既然通过别人晒笔记这个契机让我想起做米课教材的事情，那一定有其他的人也边学边做笔记，为何不让大伙儿一起来秀秀自己做的笔记呢？群众的力量是强大的，也许有更多超出我想象能带给我启发的学员呢。这的确是个好方法，我顺便可以把这个活动和社区以及教材关联起来做，一方面推广了社区，另一方面还为教材获取了笔记素材。首先，我把教材变成可以通过米问积分兑换；其次，我在米问开了个帖子让大家晒笔记，晒了就可以加积分。这个帖子可以堆很高、很久，也可以创造很多素材，感染其他同学，总之是一件好事情。

很快学员们就开始各显神通，各种手写笔记、电子笔记，五花八门，全部涌入这个帖子。这项活动的人气越来越高，大有超过我们最强贴“深度讨论”第一期的趋势。小伙伴们开心地晒着笔记，我开心地发着积分，没有比这更宝贵的资源，我已经在琢磨下一步怎么用好这些素材了。

图 5－6

别墅开年会

不知不觉到了 2014 年年底，我们的团队已经有 24 个人了，还记得前一年的年会我们只有 10 个人，今年我们要好好地搞一下年会，搞点年轻人的味道出来。也记不得是谁提出我们可以租个别墅玩通宵，爱玩的同事们就开始研究起来，最终我们选定了一家三层的娱乐别墅，里面有电玩、PSP、桌球、KTV、97 格斗、桌游、麻将等，大家从未如此迫不及待地要开年会。眼看着公司慢慢地成长起来，我心里有很多感悟，可以说在创立米课之前我是一个机会主义者，我能看到很多机会，也能抓住这些机会从而获取回报，但我并没有用心去经营一家公司。对于米课，我希望能够做出一番事业，而不仅仅是赚钱这么简单，我很高兴有很多同事、股东能辅助我、支持我。如果有一天米课更加成功，那一定都是他们的功劳，没有他们，米课只是一门生意。

到了开年会那一天，我们准备了美食、美酒，大家在一起回顾过去一年走过的路，我们还把以前公司在不同阶段录制的一些小视频片段制作成了一个 Video 放给所有的同事看，里面都是满满的回忆，也是米课珍贵的历史记录。在那一刻，大家都很开心，那一晚我们聊了很多，也有不少同事打开了心扉提了很多建议。那个晚上注定是令人记忆深刻的，我希望我们这群人能够走得长久一些，能够留下更多美好的回忆。

Business101 上线

元旦之后新的一年来了，我“蓄谋已久”的神秘课程也快录制完毕了。早在一个月前我就开始筹备 Business101 商业逻辑基础这套课程，顾名思义这套课程是讲经商的思维。当然这只是我个人对商业的理解和我做生意的方法的一个系统总结，不一定全对，但对我来说是有效的，我把它整理成课程给大家做参考。准备这套课程的初衷是很多外贸人走的路有点弯，纠结在太多的细节上，而忽略了项目和产品的选择。试想一个方向都没有选对的项目，即便你再努力做，再努力推广也不会成功的。我觉得商业逻辑这套课程一定能帮助一部分米课学员正确选择产品和方向，避免在错误的方向上前行。我花了很长的时间准备这套课程，想用最通俗易懂的方式讲解。如果说米课原来的课程都是招式，那 Business101 就是心法，没有心法的招式都是花拳绣腿。

想看这套心法课程可没那么容易，这一次我设置了一点门槛，必须用社区积分换这套课程。由于这套课程本不属于任何米课系列里的内容，而是我另行加入的，所以即便需要积分兑换也无可厚非。Business101 的吸引力果然够大，米粉们在社区更活跃了，本来没准备晒笔记的也冒出来了，为了早日看到 Business101 大家为社区贡献了不少。那些用积分换了课程的同学，更是发帖表示课程受益匪浅，这更急坏了那些没有足够积分，甚至没有社区账号的学员们。通过这套课程，我们再次提高了社区的活跃度，培养了大家使用社区的习惯。

商业逻辑课程上线后，的确帮助了非常多的学员，很多人用课程里介绍的分析企业优势的方法和选择产品或创业项目的方法避免了走弯路，这其实是我最欣慰的一点。方向是战略层面的事情，技巧是战术层面的事情，在课程上线后，我觉得米课的产品更完善了，而且在中国，你找不到同类的产品可以与之竞争。

学员晒场景

社区的玩法越来越多，既然能让学员晒笔记，为什么不能让学员晒自己的学习场景呢？我估摸着什么样的场景都会出现，边睡觉边看的，在电视上看的，在投影上看的，在公司看的，在茶社看的，用苹果电脑看的，用 iPad 看的，用手机看的，我脑海里浮现过很多不同的学习的场景，但是没有什么比证实我的幻想更有意思的了。老规矩，我在社区开了一个帖子让大家来晒学习场景。果不其然，我所提到的学习场景都有人晒，甚至还有很多我没想到的场景，比如有人带着狗一起看，有人带着猫一起看，有人边跑步边看，有人同时用三台电脑看，各式各样，五花八门，真是让我见识到米粉的创意了。

这么多优秀的资料无疑是无价的，这些照片在我手上一定能玩出多种花样，就像别人是一鸭一吃，我必须弄出新吃法，一鸭三吃！第一“吃”，把照片制作成2分钟视频，主题就是渲染学习气氛，任何人看到数百个米课学员自拍学习场景都会有震撼的感觉，这些视频可以投放在我们的谷歌视频广告里；第二“吃”，融入官网试听账户，在试听账户里增加这类照片可以对刚注册的用户产生心理影响，加速他们决策进程；第三“吃”，微博微信广告推广，任何有客户的地方都可以投放这类照片广告，加深客户对米课的认知。正如我所说，这些素材是无价的，它的玩法也远不止这些，随着时间的推移，创新的延续，我们会有越来越多的好内容，传播速度会越来越快。

截至目前，唯一不足的是这些策划基本都是我想出来的，这并不是一个好消息，因为我的时间和精力越来越有限，用来思考创新和策划的时间也不断地被压缩，如果我的策划停滞了，对公司将是个负面的影响。我需要我的团队里有能做这些事的人，甚至做得要比我好，只有团队成功了，我们才能获取大的成功。事情往往具有两面性，有的老板个人能力很强，但他培养不出强将，因为他所有事都亲力亲为；有的老板没什么专业技能，但他身边高手如云，只因他懂得放手和培养。米课的策划部已经成立了，虽然时间不久，但是我相信今年他们就会成长起来，最多一年后策划我基本就可以放手了，只做个策划顾问就可以，这也是我最希望看到的结果。

电话销售团队价值初现

养兵千日，用兵一时，早在几个月前我已经开始重新部署电话销售团队在公司里的位置，电话销售之前的 cold call 训练对我来说有点像武侠片里大和尚让小和尚挑三年水，但是不教小和尚武功，因为小和尚不把基础打扎实就去学功夫的话是很脆弱的，我们的电话销售部也一样。在电话销售人员都已经掌握了扎实的销售技能后，我们成立了电话销售 A 部，将公司里主动找上门的客户资源分给他们做，不用他们再继续打 cold call 了。

结果就是他们单人每月的业绩超过了之前的 4 ~5 倍，而且这个数字还在不断增加，这简直就像把一只狼丢入了羊群一样。电话销售的特种兵们四处斩杀订单，他们自己都没有想到谈客户可以变得如此容易，他们远比自己所以为的要厉害得多。当然也不是所有的电话销售同事都能拿到我们主动咨询的客户的资料，只有电话销售中转换率最高的人才能拿到最好、最优质的资源。我们设置了一个门槛，只有连续 3 个月通过 cold call 达到每月最低订单要求的同事才可以进入电话销售 A 部，而那些新人和业绩未达标的就必须在电话销售 C 部门也就是 cold call 部门锻炼，直到他们合格。还有一批能力超过了 C 部门，但还不及 A 部门的就进入电话销售 B 部，这个小组主要去联系 A 部门在一个月内没谈下的客户。这三个部门相辅相成，循序渐进，初步达成了米课大战略中对电话销售定位的第一阶段的目标。

电话销售部的这次改革对网销（在线报名接待）也造成了短暂的冲击，以往在米课的销售中能占 90% 左右的网销，在这次改制之后迅速滑落到 70% 。这时电话销售的人数还是网销的 5 倍，在我看来，电话销售的潜力还非常大，现在的人均产出还不是最佳的，但这都不重要，因为他们的产出和转换取决于我们如何分配资源。换个角度去思考这个问题，网销的同事从没做过销售，他们更多的是在做客服，如果我们把电话销售同事放到网销的岗位上，那网销的转换率一定比之前高很多。目前的这一点变化给我们带来的影响是很可观的。电话销售真正的价值在于培养出来的人才，电话销售只是个称呼而已，有这批人在，明天他们可能就是网销，后天他们也可能是直销，无论怎么销，背后最重要的还是人，销售方式只是一种形式而已。

绝对惊喜不断

秘密武器之料神 SAM

毅冰项目运行得越来越好，这证明我最初的判断和选择是正确的。还有一位神秘老师，我一直都没有把他曝光，那就是料神 SAM（以下简称“料神”）。料神在外贸圈的知名度和影响力也非常大，相比毅冰而言，料神算是一位后起之秀，他凭借着在网络上分享他开发客户的技巧而被众多外贸人认识，粉丝数量不在毅冰之下。我几乎是在同一时间找到料神和毅冰谈合作的，他俩签约也就是前后一个月的差距，时间非常接近。料神的课比毅冰几乎慢了一年的时间才准备完成，这是因为料神对课程质量的要求已经到了完美的程度。最开始的几个月料神的速度快于毅冰，但是当料神看到毅冰的一些样片之后觉得自己讲课形式不够好，决定全部重新录，这一耽搁进度大大地被落了下来。他俩让我想起了龟兔赛跑的故事，毅冰最初很慢，每节课程都要把内容先写在纸上，一天最多只能录 1 ~ 2 节课程。我一直以为料神会快于毅冰，可到后来毅冰掌握技巧之后，速度越来越快。另外一点就是料神的课程他要求自己剪辑，这也耗费了大量的时间。他对自己的要求很高，我想这对于料神未来的学员来说是一件好事，他的课程满意度不会低。

有了料神、毅冰，加上我的课程，基本奠定了一个铁三角关系。我们3个人在整个外贸领域擅长的点完全不同，加在一起几乎覆盖了外贸的方方面面，毅冰擅长外贸业务、流程和客户谈判，料神擅长寻找客户，米课则擅长全网营销，这么一来就把外贸的上游到下游全部包括进来。只要你是外贸人，总能在米课体系里找到合适你的课程和导师。

随着料神知名度的提高，有人在米问社区里发帖想邀请料神来米课讲课，在米问里还有米课学员发过一个帖子叫“如果料神出课程，你们购买吗”，出乎我意料的是近百人的回复都是渴望料神的课程并表示一定购买，这无疑给了料神和我们极大的信心。要知道，那一刻，还没有人知道料神和我们已经合作了，这种需求是天然存在的，而能满足这个需求的只有我们米课。

内贸市场课程筹备

理论上来说，米课的模式可以复制到很多行业，只要我们满足一些前提就可以，我们已经把这套模式成功地复制到了毅冰课程，我相信不久的料神课程也一定会大获全胜。猿课有更复杂的因素和不确定性，这是因为米课复制到毅冰和料神的课程还是在行业内部的复制，可以共享米课的品牌，消费者认同米课出品的质量，也认同毅冰和料神，所以可以迅速成功。而猿课有可能慢很多，那么什么行业能像外贸一样较容易地进行复制和规模化呢？我在半年前就想到了内贸这个市场，所谓的内贸就是在国内经营生意的企业，可能是零售，可能是批发，可能涉及各个行业，他们不需要做出口，生意只在国内，但是他们也需要借助互联网的力量。严格来说，米课就是内贸企业，而米课用的大部分策略都是通过网络完成的，并且完成得还很不错。

内贸市场的最大魅力在于它的市场大，外贸课程的主力市场在广东省和浙江省，其他地区并不多，而内贸的市场遍布全国各地，光江苏一个市场可能就比整个外贸市场还大。其实已经有不少内贸企业关注了米课，也报名了米课。他们认为米课的方法用在内贸一样是可行的，那么一套专门针对内贸的全系列课程吸引力应该更大才对，我们现有的团队把米课模式用在内贸市场上获胜的机会非常大。半年前我已经调动了人手在内贸课程上进行研发和投入，一旦这些课程上线，公司早前的很多投入都会显现出威力，同时，公司的管理结构也会面临更大的调整，而这种调整很有可能带来更大的变化。

股市收回失地

上一次的股市之战，我以惨败收场，我总结了很多失败的原因，股市是一个放大人错误或者正确决策的地方，我在这个放大的基础上还加了杠杆，可想而知一旦出错，放大的幅度就更大了。退出股市后的一年里，我深刻反省过很多次。这一年大盘正好跌到 2 000 点，当看着满地便宜的股票时我按捺不住了，知道这个时间点进入风险极小。我想买入 50ETF 指数（相当于把 50 只权重股撮合在一起，基本上涨跌幅和大盘指数一致），因为我清楚地知道在证券市场，95% 的人是跑不赢指数的，所以买入指数是最简单的方法，尤其在 2 000 点，下跌空间有限，上涨空间无限。2014 年 6 月，我和老婆说我们可以买入了。由于上一次的教训，老婆非常谨慎，劝我不要入市，我内心也有一点阴影所以也就作罢。不过在随后的 8 月、9 月随着指数节节攀升，我心痒难耐，但多次和老婆沟通都无果（没办法，我是个怕老婆的人，都说怕老婆的人能赚大钱），到 10 月，我实在无法容忍市场里还有如此多的金融股处在低估值状态。我看着兴业银行、浦发银行、民生银行等银行股只有 5 倍多的市盈率，每年分红都接近 8%，净资产回报率 20%，这么好的业绩和公司，在 2014 年居然能以 5 倍市盈率买到。如果 2015 年业绩增长 15%，等于我只花了 4 倍市盈率，这个比买我自己公司的股份还划算。银行一年 500 多亿元的利润，如此稳定，如此低廉的价格出售，这简直是在给我送钱嘛。

到了 11 月份，我实在无法错失这样的机会，我知道我最终会赚上数倍的利润，市场上对银行股的偏见很大，什么盘子大，有坏账风险都是市场上的投资者避开银行股的主要原因。可我不这么看，我只看业绩，要说盘子大，苹果盘子更大，最终还是跟着业绩的增长而巨幅增长。要说坏账，的确有，可在可控范围内，不至于让银行倒闭，而实际上银行的业绩在一片悲观预期中也在不断地上涨，而股价却不涨反跌。我想只有这种情况，我才能买到如此低廉的筹码。我不会随波逐流去投那些动辄数百倍市盈率的创业板，我知道我的投资回报没有那些题材股强劲，但我的持仓可以让我很安稳地睡觉，丝毫不用担心，我相信我的投资最终会给我带来回报。我花了一个周末的时间，彻底说服了老婆认同我的投资理念，11 月 10 日我开盘买入了浦发银行等几只银行股，至此之后蓝筹上涨的序幕正式拉开。即便这一次我多么看好自己的选择，我也没有使用融资杠杆。我发誓我再也不会融资在股市上了，无论我多有信心，都再也不会了。

半年后，这笔投资已经帮我赚了 500 万元，完全收复了上一次的亏损，而此刻的市盈率才只有 7 倍。我坚信这笔投资能给我赚一大笔资金，这也是我最轻松的一笔投资，我不用去管它，不用去操作它，不用去做差价，我要做的只有一件事，安静地等待着它价值回归。等着大家都觉得银行股好，纷纷来抢货的时候，我潇洒地卖给他们。

跋

短暂的告别

写到这里，我正带着两个孩子和老婆、父母在去新加坡度假的飞机上，这个时间节点是2015年3月24日。虽然人在路上，可我心里还记挂着公司，4月18日公司就成立3年了，我们刚刚签下了一个600平方米的5A写字楼，我们又要搬家了，这一次要有台球桌、乒乓球桌、游戏机、午休房……故事已经写到了当下，我的事业还在继续，我不知道以后会如何谱写，这是未来的事。也许若干年后，我们真能做出一家有影响力的公司，那么正在阅读的你也见证了一个再普通不过的人如何从零开始走向阶段性的成功；如果不幸我没有成功，我也不会让大家失望，因为我会一直记录自己的创业历程，包括我的失败，让你知道失败的原因，失败中的经验也非常宝贵哦。过去的3年，我们完成了从0到1的创造，注重产品的开发，在未来3年我希望我们能从1到10，我会投入更多的精力在团队培养上。

在国内创业的这些年，我要感谢很多人，没有和Z的短暂合作，我也许不会察觉到这个商业机会；没有D的加入，我也许不会有今天这个团队；没有L的坚持和毅力，我也许不会在这么短的时间里建成电话销售团队；没有技术负责人兢兢业业的付出，我也许不会有米核；没有小颜义无反顾的投奔，我也许不会成立策划部；没有毅冰、料神、小易、阿铭、张翔老师的加入，我们不会有这么多的产品；没有团队中的任何一位，米课都不会像今天一样完整。谢谢每一位和我合作过、共事过的朋友，你们都给予了我很多的启发和帮助，这本书也献给你们，祝愿在我们合作的时光里一切顺利和谐。

06

附　录

本章替换了原有附录中的几篇文章。这几篇文章是作者对他2016年—2020年实践的商业行为背后的逻辑进行理性思考后的分享。没有人的成功可以完全复制，但是"老华"的商业智慧确实值得借鉴。

附录一　我的“经营”思路

经营，包括方方面面，如公司管理、投资理财、家庭生活，等等。在这篇文章里，我将与大家分享我的一些“经营”思路。

关于合伙人与股权

在公司成立初期，不要急于分配股权。因为公司成立初期未来发展不明朗，股权不值钱，应先给现金。背后的逻辑是：如果公司发展良好，在初期卖股权你很可能会卖便宜了；如果公司发展不好，股权不值钱，你还不如给现金。

总而言之，做大决策要慢、缓、多思考，一旦想清楚执行要快、狠、准。股权的分配必然是一个大决策，冲动、不理性、江湖义气最终会把自己的命运交给运气。公司的发展分很多阶段，不同阶段需要的人才不同，早期得到股权多的人，你不确认对方是否能力足够，更不确认这其中的某些人会不会在未来某个阶段退出、更改股权。直播中我以滑雪要克服重心靠后的本能为例说明公司的初创始人也要克服省工资给股权的小农思想，别不承认，多数人早期给股权是为了省本应支付的工资。

如何管理小企业

我目前管理的米课是一个拥有 40 余人团队的小企业，小企业的灵魂是老板。企业发展 90% 的责任在老板身上。当你对员工不满意时（如员工不知道自己该做什么），首先要反思自己。企业中老板是领头羊，你必须知道要做什么，然后拆分具体的任务给个人。公司小的时候，最好不要谈企业文化，少看市面上的管理书籍，想要员工做到的，老板要先做到。

小企业的管理和文化从来都不是首要的，商业管理类的书太多，但多数只是换着花样“收割”焦虑的创业者。最优秀的企业创始人一定在一线，一定深入研究自己的产品，一定是团队的模范。什么是文化？你的言行举止就是文化，口号喊再多也没有用。如果你的企业一年利润在 5 000 万元以下，你唯一需要知道的管理就是你要去哪，然后你带队，大家跟着你去。

投资的逻辑

我认为投资的关键词应该是：赛道、终局思维、复利。

投资的选择：不做高难度游戏，只赚 Easy Money（好赚的钱）、“躺赚”、买“印钞机公司”。做企业太难了，我们需要在投资上尽量做到有长远的战略眼光——看到 30 年后。我相信 20% 的价值投资者可以做到年化 15% ~20% 的收益，且未来 30 年很可能获得持续性复利，这点我从不怀疑。投资人要独立思考，不盲从任何人。大家可以参考我的逻辑，但自负盈亏。

聪明人太多，短期内他们可能会赢。但我们要有大的格局——时间、看长远。中国的企业家最缺的就是战略眼光。他们看不上 1 年 20% 的收益，却不相信 50 年后收益可以翻 9100 倍，这其实就是一回事。

投资的最终本质就是时间和复利，这句话很简单，你一定也能看得懂，但是能真正理解的人千分之一，能做到的人万分之一甚至更少。这是终局思维：看事物的本质。长期复利固然是恐怖和神奇的，在美国以巴菲特为首的格雷尔姆集团有一批人做到了数十年维持20%的年复利（我们先不讨论在美国为什么可以做到，更不要无知地说巴菲特做的不是二级市场），而在中国过去30年的股市中，同样有一批人做到甚至远超过20%的年复利。中国的证券历史还不够长，时间足够长后，一定有伟大的投资人诞生，这是行业规律，没什么好质疑的。学习正确的投资理念并不难，真正难的是你的内心。有人说："老华你有过亿资金当然可以做价值投资，我只有30万元，等我有钱了再做价值投资吧。"这就是等待中的"聪明人"赚不到大钱的原因。

在别人的故事里，找寻自己的定位

2011年我连载了自己年轻时候的创业故事，有人看了激情澎湃，有人看了大骂能出国还不是家里有钱，有人看了做笔记，将其运用到自己的业务中，还有人看了照葫芦画瓢把我做过的事都做一遍。有些"聪明人"考虑的是我在国外成功他在国内情况不一样，不可复制；或者，认为有钱人哪有时间在网上写这些，假的；再者，认为我一定有其他的目的。

"笨人"如三亿叮当哥（网名）在看完我的创业连载故事后，居然把我做过的所有事都做了一遍，卖油画、做电商、炒股票，按他自己的话就是按着我做的做就好了，短短几年他拥有了数亿资产。

我的股票投资逻辑

下面我以我自己曾经投资过的几只股票为例，讲述我的股票投资逻辑。

为什么投资腾讯

微信是核心根基，若此根基动摇，持有逻辑变化。互联网流量渠道是衍生很多可能性的底层架构。腾讯是谁厉害就投谁——卡位策略，B 站、美团、拼多多、特斯拉它都占股（逻辑：互联网企业的新型商业模式的恐怖之处在于它在蚕食所有可能崛起或正在崛起的新互联网商业模式，这是无边际的盈利模式）。腾讯是产品型企业，按照逻辑、方法论快速做出产品。市场认为腾讯是游戏企业，风评不好，利空出尽，估值偏低。但我认为，腾讯游戏更容易国际化（设计团队都是国际顶尖团队），现在处于转型期间，有被低估的倾向。

但是要注意，不会仓位管理最好不要超越资金能力“炒个股”，不会卖、瞎补仓是很多人亏钱的原因。

腾讯是我在 2019 年 9 月后持续加仓买入的，目前仓位达 58%，我买入的时候市场上几乎没人看好，原因不一一列举。这里阐述直播时我反复提到的“ 站在巨人肩膀上” 的观点。现代企业和以前企业最大的区别在于，我们学会了站在巨人的肩膀上，以前的大企业在时代变迁中没有把握住趋势就很容易被淘汰，诺基亚、王安电脑、柯达，庞然大物轰然倒塌，让很多人对巨头有一种天然的恐惧，认为企业规模这么大了增长不会太快了、到头了、饱和了、要被颠覆了。这种逻辑我们忽略了现代企业的学习能力和互联网效率下的超高天花板，如果没有巨人的肩膀，腾讯、阿里巴巴、平安、华为这些企业无法用十几二十年走完西方国家四五十年走的路，我们不断学习前辈公司的经验，同样学习它们“死亡”带来的教训。再加上这些公司所拥有的市场空间远比大多数人想象的要大。

为什么投资平安

聊到平安，我最想聊的是管理团队对企业估值的长期价值真是想象不到的高。我很清楚一个比我更好的我可以为公司带来多么巨大的财富，既然我无法成为更好的我，我的钱就去投那些比更好的我还要好的人，这就是投资，你说简单不简单，净是些“躺赢”的事儿。

保险是一个很“危险”的行业，多数保险公司情况并不好，好的只是少数几家，但一旦你成为那少数几家，你的情况就会特别好。现在的平安已经不是单纯的保险公司这么简单了，它将科技、金融融合在我看来是一个非常高瞻远瞩的措施。我选择平安基于的大方向是：行业前景依然非常好，管理团队无与伦比，体制架构领先，科技金融环环相扣，证券、医疗、银行等都会成为自由渠道。有点像我有了毅冰、料神、汪晟，他们带货卖菜菜课节省了大量的渠道费。科技金融大幅提升了效率，让平安和同行拉开了几十个身段，为下一次市场巨变做好了准备。平安 90 年代初就敢为人先，拿下证券、银行牌照，90 年代中第一家引进外资和咨询公司改善股权和治理结构，也是国内第一家发现寿险的无限潜力（如今占平安近 7 成业绩），同时，它又是第一家转型互联网金融，到如今第一家做科技金融的企业，没有一个杰出的领导者和团队这一切都不可能。

平安这一路的艰辛、极快的发展速度，体现出的是马明哲和他管理层的优秀，从起步时到处学习，请台湾的保险公司管理人员来讲课，到如今成为保险行业的“黄埔军校”，友邦重金挖人，这便是平安强大的表现。这样的公司有能力持续输入最优秀的人才，他们会成为赢家通吃，发展成可怜的散户无法想象的庞然大物。

投资“茅台”的逻辑

机会成本是非常重要的，总体来说在 2019 年那个时间点，茅台的估值和市场认可度是非常高的，但与腾讯的机会成本相比，腾讯优。茅台是命好的企业，有无可复制的资产，业务结构简单，资本投入低、杠杆低，可提价，产品供不应求，账好算，这都是导致它享有不错的估值的核心原因，我们说过投资就找最赚钱的，赚最好赚的钱，躺赢的，茅台是这样的公司。然而机会成本下，我选择腾讯，腾讯产能不像茅台这样受限制，腾讯的利润可以少分红、多投入，而茅台其实没什么可以投入的。我说过不喜欢像京东方这样要不停投入的企业，它的命不好，企业就这个性质。我喜欢腾讯这样的企业，它能持续把钱投入到可以带给股东更好回报的领域。除了回报，这也提高了腾讯的壁垒，长远看这带来的价值远比茅台大。友情提示：**分红高不代表企业好，不分红但能让钱有更高的回报率从长远看比分给你产生的价值要大，我更喜欢后者。**

关于银行的投资

回顾我投民生银行，当时更多地考虑的是“低估值”，忽略了竞争优势带来的巨大差异。民生银行主要是对公业务，招商银行主要对私业务，差别很大。

市场不是一直有效，但是市场很多时候都有效。当一个东西很便宜的时候，一定要反省自己，而不是反省市场。背景：民生 H 便宜了两年。

民生银行是一笔奇怪的投资，这笔投资我盈利 10%，但完全是由于港币升值带来的，这笔投资代表了我投资的第二个阶段：低估值和指数阶段。民生银行让我有了很多对市场有效性的思考、对金融行业投资到底看什么的思考，甚至是对一些人的思考。

疫情之后我调整了对银行的投资，将招商银行仓位降低到 6%，将平安增加到 38%，几个调仓逻辑：

1. 疫情对政策、银行的实质影响；

2. 招商银行是银行中首选，在双方都属于类似级别、被低估的状态下，保险长期发展空间更大；

3. 平安的长期净资产收益率高于银行，且平安本身有平安银行，有重叠。

关于仓位、凯利公式

1. 单一持仓背后隐藏着巨大风险，研究发现 3 ~ 5 个持仓可平摊风险，但是更多的持仓不仅不会平摊更多的风险，反而会降低收益。凯利公式的问题在于主观的重视。

2. 平安、招商银行是用来对冲腾讯的风险的。

3. 投资回报正相关于净资产收益率。

从任何一个角度来看，集中投资都更适合明白自己在做什么的人，我们的时间和精力不足以关注太多企业，而把仓位分散在不了解的公司上并不能起到分散仓位，以分散风险的作用。

关于买房

每个人的投资风格都受他的经验、阅历、性格影响。如果现在可以不受限购、限贷政策的限制，可以利用低息购买房产，我未必会投资股票。如果不使用杠杆购买房产，回报率会大幅打折。买房子的逻辑是行动比什么都重要，要快速占据城市稀缺资源，我当年在新西兰买房看了 100 多套房，只要你足够努力总能碰到机会。

房子是过去近 20 年的财富加速器。我对任何投资都没有偏见，炒股的人看不起炒房的，炒房的人也看不起炒股的，但我都参与了，所以这组成了我的“三元逻辑”，而且目前房和股都是我收益的来源。2013 年至今我的房产增值收益 6 000 万元左右，股票目前累计收益 3 000 万元，当然未来股市的收益必然会远超房产收益，只是需要时间。

对于绝大多数人，买房依然是最佳选择，当然前提是房子背后的城市资源、教育资源、医疗资源、商业资源。房的优势还是在于它的安全杠杆因素，在3成首付情况下，房价涨幅平均一年6%就可以达到年回报率18%左右。在高速发展的城市以5年为节点来看，投资的成功率还是极高的。然而连续5年在股市达到18%复利是绝大多数人做不到的。该怎么选？一目了然。

关于米课

米课的赛道并不长。我现在做米课，更多的是因为一种责任感，我多么希望有人可以代替我做这件事。老华对米课的定位，正如巴菲特对喜诗糖果的定位：不需要上市，不需要融资。

附巴菲特评喜诗糖果的原话：

以我们40多年前收购的喜诗糖果为例，它是一家优秀的小企业，现金流源源不断。我们尝试了50种不同办法扩张，可我们就算再努力，也是徒劳。

我非常崇拜马云、任正非这样的企业家，但是我并不想成为这样的人。人证明过自己就可以了，越是“神仙”越孤独。

我对米课的思考长达两年以上，在此期间我的内心经历了创业初期的稚嫩、高速发展的兴奋、做米课圈App的激情复燃、看到阶段终局的沮丧、认清公司本质后的内心平静。其实人的躁动和不平静只因为他看不懂，看不明白，或看不懂结局，就像你从不会因为人会老死而大惊小怪。

公司在起步阶段的时候我也想过上市，想过发展壮大，那是因为我当时还看不懂结局，还看不懂这家公司的基因和命数。显然我们公司没有上市，也没有被收购，更没有被投资，是我们不好吗？不是，相反是我们太好了，正如我们每个人都很好，只是还没认清自己而已。简而言之，米课是一家资本投入低、净资产极少、研发和投入极少，却不断创造利润的公司，像极了巴菲特转向价值投资的第一笔投资：喜诗糖果，只是米课是喜诗糖果的迷你版而已。所以，我享受不到公司上市给我带来的虚荣和乐趣，但我可以走巴菲特的路，在证券市场的投资中，我们把利润投入到比我们厉害十倍甚至百倍的企业里，这就是我作为资金管理者需要做的最重要的决策。

给读者的建议

1. 人要低调，人一“飘”就出事。

2. 如果你有100万元的时候不开心，你有1 000万元时也不会开心。快乐是一种能力。

3. 遇到问题，你一定要先去想别人是怎么做到的，而不是去“打假”。不要对有钱人有敌意，看到有钱人先去模仿。

4. 不要谈背景（指富二代），它会养成坏的思维习惯。

5. 看什么书不重要，重要的是有目的地学习。

6. 想学什么，就看这个领域最经典的书籍，一本一本读，很多东西都是可以学习的。

7. 书要多看，巴菲特每年的年报我都会读（这就是巴菲特的书）。你不相信世界前三的首富，却相信网上所谓的“专家”，这本身就是不明智的行为。

8. 你的老师要不断更新，跟全世界最优秀的人学习就好了，站在巨人的肩膀上，缩短你探索的路程。

9. 也许你们现在二三十岁，人生过得不如意，但是你们完全有机会。你们以后可以更成功、更成熟、更快乐。如果成功太早，就会出现我这种情况。

10. 底层逻辑都很简单，把事情讲复杂的都是骗子。此外，知道和理解中间可是差了十万八千里。

11. 现在学习的目的——获得长期复利。

12. “聪明人”太多，短期内他们或许会赢。但是正如料神所说：“短期的利益会导致人们不断逐利，因此错过真正的大机会。”短期内最大的获利来自预期差，长期最大的获利来自利润持续创造能力。

13. 命好也是成功的一个因素。

14. 大家要努力，不要错过中国现在的发展机遇，如今大企业的渗透能力很强，未来的孩子要胜出需要更强的底层逻辑。

15. “80 后”“90 后”已经看不懂未来的发展趋势了，赚钱要趁早。不需要考虑太宏观的事情，专注你的优势即可。

16. 不是实际的价值才有价值，虚拟的价值也是价值。让别人觉得你有价值很重要。学会包装自己，老板也是你的客户。

17. 想要做个好员工，你要成为企业最优秀的 5% 的员工，否则你只能拿平均工资。

相信相信的力量，真的有很多人天然缺乏信任感，直播中我提到了我赚第一桶金的故事，它就是一个信任的故事，我很庆幸到今天这个年纪我还是属于同龄人里更容易相信人、更愿意交心，也更不保留的人。追其原因，和我的经历有关。虽然从商 20 年，国外 10 年，遇到的都是善良的零售用户，没有尔虞我诈，没有阿谀奉承，一手交钱一手交货；国内 10 年，上游是老师们，他们都很善良包容，下游是外贸人，更是一群善良可爱的人（源于他们的生意属性相对很单纯）。这些经历让老天没有夺走我内心最后的一点纯真。当然这不代表我是“傻白甜”，相反我对于鉴别骗子颇有心得。

辩证地去看问题、独立思考最重要，要用质疑和反驳的眼光看我的文章。这个世界高人甚多，我不想说我说的全是错的，这过于谦虚，且是一种逃避责任的行为。相反，我觉得在我说这些内容的时候它都是对的，正如每一篇文章，我都可以复盘承认错误，但在我写的时候我认为它都没错，我的确是这么思考的。

（本文节选自作者2020年疫情期间的一场直播。）

附录二　理性创业者的期盼——认知形成的推演

创业者分两类：理性创业者和理想型创业者。此外，我们还必须给这两类创业者加一个认知维度，级别为 1～10，数字越高段位越高。拿两个人做下示范，马云目前的状态可以理解为是理想 10，王兴是理性 9。这两类创业者没有谁强谁弱，真正的区别在数字上，数字反映出的是创业者对事物的认知度。

理性创业者和理想型创业者的关联度

世界上的事物并非非黑即白，以前我一直认为理想型创业者和理性创业者是绝对分割、毫无关联的，而实际上理性和理想是相互依存的，也就是说马云其实也是理性创业者，王兴也是理想型创业者，只有在做一些关键决策时才会显示出他们内在的基因是理性的还是理想的，就像朋友之间、夫妻之间只有到了关键时刻才能展现出这个人真实的人格一样。

这个道理看似简单，但看懂之后会发现这是一个非常重要的认知，它有助于你在识人、识己、识势的时候尽量地使用客观角度。而能使用客观角度辨物是一个极其重要的能力，这个能力可以应用在生活中几乎所有领域。

深入思考认识

几乎所有的认知都有一个有意思的现象，就和解答一道脑筋急转弯的题目一样，说出来的时候觉得非常简单，但是自己去解题的时候无比痛苦，有一种淡淡的无力感。然而，能主动升华自己的认知和直接翻看答案之间的差距应该是如获珍宝和不如不知的差距。

思考得越深入，你越会发现一个集大成者的综合认知体系非常复杂，直接模仿几乎是不可能的，更可怕的是形成了复杂的认知体系后，这个认知体系会自我迭代和升级。有人开玩笑说巴菲特来了中国可能就不行了，马云如果今天才开始创业就不行了，这个假设的前提是抹掉他们已经建立的认知架构。

在自我剖析的过程中，我在反思自己的所有决策，思考别人给我提过的我最无法接受的意见，不一定对，也不一定错，但是我要找到意见产生的源头。人的一生会有很多人给你提意见，很多人评论你，很多人不相信你能做成，客观地说他们也许都对，但我们要建立几个根认知。根认知的选择是最重要的，它会开花结果，产生枝干认知，形成你个人的认知生态价值观。试想下根认知错误加上无法客观地面对错误会带来怎样灾难性的人生。

我对投资的认识

在投资上我的根认知基于价值投资，衍生出的是更为安全保守的枝干认知—— 低估值策略、不死指数策略、仓位管控策略、资产平衡策略，无论新的策略是什么，都是吸取的根认知的养分。为什么衍生出了新东西？因为我意识到价值投资的不可控性，价值投资本身是毫无问题且绝对正确的，问题在于我们作为个体，自身的认知局限会对价值的理解产生偏差，出现极大的不确定性。一个缺乏客观认知的人是不会认同我说的话的，他们一根筋地认为自己对企业的认知是到位的，我衍生出属于自己的枝干认知最重要的目的就是修正我对价值理解的偏差，在投资上获取最大概率的成功。

在个人长远发展上，我的根认知就是自创的三元策略：实业—证券—房产。建立这个根认知并不是件容易的事情，因为你会发现做实业的“大神”多数看不起做证券的人，在证券行业有名的“大神”多数看不起买房的人，买房的“大神”也看不起炒股的人，三者之间有鄙视链。而三元策略是说，我们进入市场不是为了争论是非，而是来整合资源的。

再次回到理性创业者，我把自己归纳为理性创业者，如果我没有看清一件事情的最终形态，多数情况下我不会干。我一定要想清楚我的努力可能获得的最终结果是什么，我才有动力付诸行动。这让我再次想起了2012年我在家里书房的白板上和我唯一的员工描述米课未来的场景，“先把米课品牌打响，然后用品牌优势把外贸行业最有名气的老师全部签进来，形成流量矩阵”，想清楚最终形态显然可以让我加速前行，那一次我们做成功了。

2018年4月我有了一个新认知，即米课真正的价值并不是课程本身，而是用户。说出来又是多么显而易见的一件事，然而真正理解这句话并且思考透彻到可以通过产品来实现价值，我用了四五年时间！这就是认知的可怕，一个认知的形成对于资质聪慧的人来说也许只要几天，对于有些人可能要一辈子。

基于这个认知，我迅速在笔记本上勾勒了实现用户价值的产品轮廓，如图附2－1。

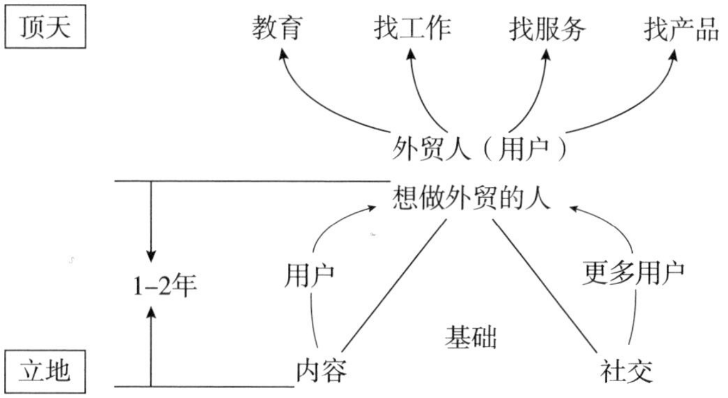

图附 2 – 1

这张图是在米课圈 App 尚未开工时我画出的，画完图我就立刻组建团队用了 3 个月的时间完成了这个作品！3 个月是我最喜欢的奋斗时间段，米课创立之初我用了 3 个月没日没夜地准备，那 3 个月奠定了之后 7 年的发展；米课圈 App 让我再次找回了 7 年前的感觉，只不过这一次身边多了很多支持我的同事，也少了很多干扰。

这张“顶天立地”战略图从画出后，我们所有的行动都按照这张图进行。所谓“立地”就是搭建核心基础，计划用 1 ~ 2 年完成；所谓“顶天”则是这张图的财富密码。认知决定了大的方向，细节可以调整，但方向不可动摇。

前几天和估值 20 亿准备上市的在线教育公司老板聊天，又让我陷入深深的沉思。他又一次让我看到了差距。我并不怕有差距，这些都可以补救。我怕的是“天时地利人和”中的地利和人和，我一直在找寻答案和解决方法。当然我还没有出手，因为我还没看清更深一层的认知。

人的一生应该是不断提升自我认知的过程，这是一个孤独的过程，尤其是当你的根认知和别人不一致时。

附录三　如何持续地改变自己的命运

最近我一直在想一个问题“如何持续地改变自己的命运”，命是上天注定的，而运是可以改变的。有这样的思考是因为我在想如何实现下一个突破性增长，让公司业绩有质的飞跃，比如2004年我刚创业做电商，让自己从学生时期的小打小闹瞬间达到年收入数百万元；2011年回国做米课，又从数百万级别迈进了数千万级别；2013年开始投资十余套高端物业，资产再次飞跃；2018年布局了近9位数的指数ETF（Exchange Traded Funds，交易型开放式指数基金）。可是2019年往后应该如何获得大的跃进？每一次跃进无疑都是一次改运的机会。

人生总有几次机会

我的一个观点，每个人一生有7次机会，7年一次，18岁开始，67岁结束。一般来说抓住一次可以步入数百万级别，抓住两次达到千万，抓住三次进入亿的级别，抓住四次数亿，抓住五次十亿，再往上也不是我想追求的目标了。抓住一次机会相对简单，抓住多次就难了，其难点在于抓住每次机遇所需要的能力、方法、思路可能完全不同，一次比一次需要更高的认知、见识，无论公司还是个人都是如此，每一次变化一定是痛苦的。

那么到底怎么改运，举哑铃这件事让我茅塞顿开，举哑铃增肌第一步就是进行肌肉的组织撕裂，撕裂最科学的方法就是：重量 × 次数 × 间歇 × 组数。像我这样的菜鸟最容易犯的错误除了姿势之外，就是选错重量。如果你能轻松完成 10 公斤哑铃 12 次推举，那么你的训练效果几乎是没有的，举哑铃一定要让自己感觉非常吃力、痛苦才行，你得换重量大的哑铃，只有撕裂了自己才能成长。

回想我经历的重大情事

想改运必须做出让自己非常不舒服的事情，“重量大”的事情，回想前面几次小小的成绩，每一次我都有意或无意地做了“重量大”的事情：

1. 大学做电商放弃了找稳定工作的机会，做当时没人做且看不到前途的卖货工作。

2. 回国做米课，放弃国外稳定的数百万的年收入，放弃已经生活 10 年的新西兰。

3. 投资大量房产，放弃稳定的理财回报。在 2013 年大家普遍不看好的情况下，进行极限操作，大量买入房产。

4. 投资 2500 点的股市，拿出近 9 位数现金，放弃持续买房和投资等稳健理财方式，在 99% 的人不看好时重仓介入，时间会证明这是一场不战而胜的投资。

“撕裂” 自己

你看，其实每一次都是一个艰难的选择。想获得这样的高回报你就不能选简单的、轻松的事。过去的选择在今天看都很简单，而在当时每一次我都背负了很大的压力，不被人理解。每一次的选择都是对自己的“撕裂”。十几年前做电商别人当你另类；做米课时周围谁都不信有人会买它；买房子时周围的“聪明人”劝我要慎重，房子要跌了；如今投资股市也只敢在公众号上聊一聊。因为现实生活中我一旦说出去总会遭受非议，我的每一次选择都是孤独的。

在我看来上面这些都是过去的事情，我们要看未来。我思考这个问题的原因是我暂时没找到下一个突破口，有些焦虑，肌肉逻辑给了我一点启发，没有突破可能是因为我没有上足重量。2019 年我的全部精力都放在公司的一个产品上，重量上是够的，但问题出在了肌肉生长的另外几个要素上，“次数”“间歇”“时间”“组数”，我必须“撕裂”自己。目前，我还不够痛苦，这不是一个好现象。

要想改变命运、晋级，除了自身努力做某件事情之外，一定要“撕裂”自己，做自己不愿意做但可以改变自己的事情，比如：

1. 你不爱社交，但需要人脉，强迫自己去吧，这是一种自我撕裂。

2. 你不敢公开演讲，刻意地找机会去练吧，我能理解你一上台就口吃、手抖、声音抖，担你必须让自己痛苦，这是一种自我“撕裂”。

3. 你在三四线城市已经安定下来，有房、有车、有朋友、有家人，勇敢地走出去，这是一种自我“撕裂”。

对于真的怕社交，怕公开演讲，怕离开自己熟悉的城市的人来说，做这些选择真的非常困难、痛苦，你甚至会想，“算了，我还是过我平凡的一生吧”。你可以放弃，但未来有一天你看着不如你的人成功，请接受现实，不要活在悔恨中。

身体需要“撕裂”，精神更需要“撕裂”，人生值得品味的是经历。我把道理说得很清楚了，我曾经几次“撕裂”自己，即便如此在做下一次“撕裂”时仍会胆战心惊、心有余悸。这让我想起和我健身的小伙伴说过的话：“在来健身房的路上想起今天要练腿，我的腿就在发抖。”

人生没有轻轻松松的成功，不劳而获的财富终究会以一种你想不到的方式离开你，只有被“撕裂”过的人生才是有意义的、充实的人生。如果你天天过得很轻松、无压力，恭喜你，你可能是个幸福快乐的人，但如果你想获得一定的成就，那么请给自己上重量，否则练习普通重量的效果非常有限，不足以改运。

改运，从给自己上重量开始！

Do some real shit, serious pain gets serious gain!

以上观点仅是本人不成熟的思考结果，仅供参考。

附录四 2019年，我关于投资的思考

我从未把自己当作老师，虽然私下里“好为人师”，偶尔给年轻人“讲讲道理”，但本质上我还是一个商人，通过提供有价值的商品或服务，获取相应的回报，仅此而已。有意思的是，当我把自己定位为“商人”，且角色定位越明确，来自别人的对我这个“教师”的信任感也越强。下面是我对投资的一些思考，与大家分享。

换一个视角看生意

说到相应的回报，创业者总在思考某个项目市场有多大、如何布局、如何融资，很少有人反过来思考我们做的产品或者服务到底解决了社会多大的问题，这些问题的价值才是你公司的估值。拿阿里巴巴的B2B业务来说，它有十几万的诚信通付费会员，而米课付费B2B用户有五六万，也就是说在用户数量上我们是它的一半，但是阿里巴巴的这块业务一年有20亿利润，我们的利润差不多是它的1%，那另外的49%到哪去了？这个事情反映出来的不是阿里巴巴的商业模式比我们好多少（的确好，但不是本质），而是阿里巴巴解决了更大的行业问题，外贸服务行业里最有价值的事：连接工厂生产力和国外需求，这件事的价值远大于培训外贸人某方面的技能。

因此，我们在思考做一个公司的时候，除了要考虑公司本身的商

业模式、盈利方式之外，更多的还要思考我们做的事情所解决的问题的价值。价值很大程度上与效率相关，例如，阿里提升了购物效率，腾讯提升了沟通效率，美团提升了吃喝效率，拼多多提升了工厂生产效率，这是一个思考逻辑。

关于投资的一些细微但重要的变化

投资的本质是什么？这个问题在人生不同的阶段会有不同的答案，我的答案是“估值派”，不得不承认我可能犯了一个错误。至于是否是真正的错误取决于我们对投资的期望和理解。如果按照之前我设定的预期年化收益率 15%，那么它顶多是个误会；如果按照一个好的投资来看（be part of a company），可能就算是错误。

我严重怀疑我只认真了解了巴菲特前半生的经历，对查理芒格出现后那些质的变化，即最重要的后半部分忽略了。巴菲特前半生的经历挺像郭靖和七怪练功夫，查理芒格就像丘处机，在山上指点了郭靖两次内功心法，使郭靖功力大增，把师傅打败了。巴菲特前半生的逻辑师承格雷厄姆，在企业估值之下买入，估值之上卖出。就像你看到一个公司账面有 20 亿现金，公司市值才 15 亿，这不是“稳赚”的吗，这条逻辑让很多“价值投资者 ”收益平平。这群人从商有个特点，亏钱不太可能，想赚大钱无缘。

定义下什么是大钱，什么是好的投资，一个好的投资是可以改变你命运的投资！一笔大钱是你本金 50 ~100 倍的回报！这 一轮股市，我投入了过亿资金在指数、金融保险，我原来那可悲而狭窄的目光只是盘算着翻个倍用利润去深圳买两套房，这件事可以改变我命运吗？并不能。

获得近百倍回报的方法到底是什么？它需要两个要素：时间和赚

钱机器。我有一个模拟账户，大概是2014年11月重返股市的时候建的，那一年我买了3只股票，浦发银行、贵州茅台、海螺水泥，和我当时的实际仓位基本一致（后来实际账户更集中在低估值的指数和银行），差不多5年的时间，这3家公司收益率分别为98%，1 100%，280%。

我觉得巴菲特有些话特别容易让人误解，因为像我这样理解力不够的人真的花了很久去抓重点，最容易误解的两句是：**投资的第一点是不要亏损，第二点是记住第一点。在低于公司估值的时候买入，在高估的时候卖出。**

这两句话影响了我多年，也的确让我再也没亏损过。只不过我的投资变成了高收益理财，这甚至是很多国内做价值投资的人的通病，大家都太在乎性价比，而忽略了“时间”这个武器带来的天与地的差异。

而真正应该发扬光大的两句话是：**企业长期是称重器。用合理的价格买优秀的企业，而不是用便宜的价格买平庸的企业。**

作为读者你可能无法想象这四句话会给人生带来多大的变化，但这的确是可以改变一个人命运的四句话，只可惜我们绝大多数人都要花几年甚至几十年去理解。这让我想起在纪录片《成为巴菲特》里，老爷子说我所阅读的信息、资料人人都可以看到。是的，成为百万富翁、千万富翁、亿万富翁、百亿富翁的方法其实都在书里，阅读、思考、专注，这三样东西才是人生最大的财富。

于我而言，不幸的是揣摩这四句话的过程中错过了很多好的机会，这又让我想起记者问熊晓鸽当年错过了阿里巴巴是什么感觉？熊晓鸽说“This is life.”（这就是生活）。是呀，人生不就是如此吗？幸运的是我通过三元积累了非常可观的筹码，即便出发迟了，但方向对了，彼岸终究会到。

关于优质资产的误解和评估

被误解恐怕是表达者的宿命，我前段时间去厦门和米友聚会分享了关于购买优质资产的重要性和必要性。针对这个话题我进行了大概有 3 个小时的论述，可能是我表达的点过多，回来后大家解读为“只买贵的，不买对的”。这让我反思，如果不深入思考，光读书、听讲座恐怕一是容易曲解作者本意，二是很难收归己用。

优质资产往往很难以便宜的价格买到，这也是查理芒格给巴菲特注入的最重要的理念，购买优质资产要用一个 Fair Price。Fair Price 这个词翻译的很含蓄，叫合理的价格，而实际上合理往往不会便宜，合理往往和性价比无缘，它看起来是“很贵的”，你的身价乘以 20 倍就是这段话的最低价值，好好领悟。

优质资产靠什么体现优质？靠“时间”。优质资产很像种树，你把树种下去，天天看它，它似乎没有什么变化。你过几年再看，会发现巨大的变化，这叫优质资产，它需要时间来成长。而多数人喜欢的是短期变化，恨不得今天种树，明天就长到 10 米高。

思维是极其重要的。有两个家长，家长 A 为了追求“性价比”买了一套普通学区房，给孩子读书，自己努力工作赚钱准备让孩子毕业后出国留学；家长 B 直接购买了一套合理价格的优质学区房，这个房子要 10 万/平方米（看起来好没性价比），总价 300 万。9 年后孩子准备出国读书，A 家长的孩子成绩平平，自己辛苦干了 9 年，省下 100 万准备送孩子去澳洲读“性价比”高的大学；B 家长的学区房已经涨到 30 万/平方米，他赚了 600 万，准备拿 300 万送孩子去美国读书，另外 300 万给孩子在美国买套公寓。

人与人之间的命运不仅是因为努力不同而拉开，也是因为思考和认知。很可惜，这样的事情每天都在发生，而且永远不会停止。

在投资上，优质资产具备如下几个特点：垄断、赚钱机器、长期现金流相对可估。前两点自行学习读书即可（但理解深刻不易，需要时间）。长期现金流就是现金流贴现，我认为这点是对优质资产估值的重要方法，是区分一个资产是否优质的重要指标。做过公司的人对这个可能会有更好的理解，就拿米课来说，假设米课一年利润2 000万元，你客观理性地分析下你觉得米课能持续多少年拿到这个收入，把这些收入贴现到当下就是企业估值。

首先，没有人能准确和完整地预估出现金流贴现，甚至无法估计，按常识来说，你可能很难对一个反转型企业进行长期的现金流估值，更难对竞争变幻莫测的互联网企业做判断，所以对苏宁这家企业也许我们能判断出它短期内会好转（实际也的确好转了很多），但我们从不敢说10年后这个业务还能赚钱。这简直完全无法想象，这种非常不确定的事情其实是很难估值的，那么它不属于我所说的“优质资产”，相反贵州茅台这种企业计算起来相对容易。

小学也是一样，南京琅琊路小学只有一个，顶级的优质学校也不过三五个。南京有一千多万人口，二十年后这些学校在不在？是不是大概率还是最顶尖的？领先地位越确定，越是好资产，它肯定一直都是“贵”的，实际上这些最优质的资产多数情况下都是被低估的，因为市场上所有人都是用最近一两年的业绩来判断它们的估值。

在厦门，我提到让大家买些奢侈品，或者比较贵的东西犒劳自己。没想到只变成了买表、买奢侈品，只买贵，不买对。我表述的实际价值观是你要学会接受合理价格，要去练习花你平时不敢花的钱，因为绝大多数中国人都被“性价比”这个词坑惨了。即便是在消费上，也请大方起来，你要在各个方面训练自己使用最没“性价比”的东西。我在聚会里说你们每个人回去买一件不低于 5 000 元的东西，只有做了才算入门，真做的恐怕不会超过 3 个人。人们总是在等下一次，总是觉得以后会做，没有以后，只有现在，思维的改变要迅速。

关于是否应该做短线的思考

我认识一个人，仅此一人，的确靠做短线在过去近 15 年的时间里赚到了近亿身家。由于我原先是“估值派”，如今算是“价值派”，对短线其实是排斥的，我自己也有七八年没做过短线了，但是他的“成功”还是让我进行了思考。顺带我又想起欧成效说过中国股市没有任何价值的言论，这两件事应该放在一起讲，对于 99% 的公司甚至更高一些比例的公司来说股市的确没有给投资人带来真正的价值。

而对于优质资产来说又的的确确是产生了巨大的价值，每个人看问题的视角是不同的，老欧和我这位朋友看到的是 99% 的那一面（很了不起了，很多人一辈子都不知道自己在投什么），而段永平、林园这些人看到的是那 1% 的一面，这是非常有意思的碰撞。

更有意思的是看到 99% 的这两个人采取的方式不一样。我这位朋友采取的是短线，恐怕在他内心深处从来都是把这些公司当做交易工具，说白了就是在 3000 多家价值中庸的公司中做差价交易。你不得不惊叹在“技术”够好的情况下，这其实是最佳操作。如果他在茅台上做差价，我相信他这 15 年都白忙了，甚至早抑郁了，当然他也有可能皈依“价值派”。而老欧在房子和那 99% 不值一提的股票之间，选择了房产，首先选房产更有优势，毕竟不是每个人都有能力和兴趣像我朋友那样时刻战斗着。

是否做短线其实完全取决于你持有的资产性质，而非价格高低，不同流派的本质只是各个流派看到一件事物的点不一样。我们再发散思维，会不会有第三种视角，有更高纬度的认知？这一切都不好说，思考和学习从来无法停止。

关于工作的意义

2019 年我有一个阶段对工作是排斥的，有一种积累了 17 年的恶气要发泄一下的感觉（创业这么久没停过）。我现在 36 岁了，突然觉得生命很短暂（虽然我坚信能活到 120），单纯的赚钱已经无法刺激我的兴奋点（主要还是赚的不够多，也的确没那个能力），强烈地想放手。我的确也放手了很长一段时间，我思想中传统的教育理念和新萌芽的生活理念强烈冲突。

传统的理念是人应该一直努力的工作，而实际上无论是乔布斯、任正非，还是稻盛和夫都是越干越起劲，偶像们的行为一直在暗示我不要停下脚步；新的生活理念则是人生是一场经历和体验，创业、工作只是体验的一部分，我已经体验了 17 年创业带来的酸甜苦辣，同样一道菜难道我要吃一辈子吗？我当初定下的所有目标都完成了，目前没有也不想去定新的事业目标。

无意中我想起 2018 年我说的一句话，就算公司不赚钱，我们也要把米课圈 App 做起来，这有点不像我说的话，但我的确在办公室和同事说过。我陡然发现这句话才是我工作的目的和意义，我喜欢解决一些问题，我喜欢做一些新的产品。2018 年公司部分人员流失，产品面临重大升级，重重压力下，我内心深处是兴奋的，我把那一刻当作打游戏，不在乎输赢，只是要去解决问题。如果可以让我持续动脑子解决一些事情，这件事本身给我带来的快乐是很大的。2018 年那段时间现在回忆起来还是非常满足和开心的，而2019年如此优哉其实没有丝毫回忆的价值。

如果说未来公司对我的意义，那应该是它是给我带来快乐的地方，这种快乐很难用赚多少钱衡量，它只是提供快乐的一种方式。

不过这一块儿我的思考还不严谨，不排除某一时刻我就全盘否定了，这只是一些思考。

关于房产卡位和公司卡位的问题

关于房产的问题我已说过很多了，总体来说核心优质区域有很多。深圳、上海、北京，如果只选一个，个人更偏向深圳。

首先，我们要接受的现实是花无百日红，如今不论你生意做得多么顺风顺水，你和同龄人（正负15岁以内）周旋得再厉害，优秀的年轻人（小于你25岁以上）对你的竞争算是暴击。事业上必然是更有效率的企业会胜出，这是规律，而财富上则必须用卡位策略来评估。

不管你多优秀，最终你要兑现财富主要一是靠公司利润，二是靠资本上市套现。对于所有“新富”来说购买物业是必经之道，我们就“占领”华容道，布置好优质房产，等“新富”们成功之后来消费。我们不要参与直接的高科技竞争，这注定不属于99.99%的“80后”了。占据优势房产，实际上是让“80后”变相分享在竞争激烈的战场上获得胜利的那些人的果实。

公司卡位的逻辑也大致如此，这也是三元的一个环节，你公司产生的可分配利润应该流入比你更会赚钱的资产里，而不应该留在你手里。一个有意思的现象就是很多一级私募基金拿着LP（Limited Partner，有限合伙人）的钱到处看项目、分析、谈判、找下家接盘，最终得到的收益远不如 LP 直接购买优质资产，至少风险、收益比更高。

这又牵出一个新话题，LP 的资产配置或者普通人的资产配置核心点应该在于配置不同市场的优质资产，而不应该是配置不同风险级别的资产。

书目介绍

乐 贸 系 列

书名	作者	定价	书号	出版时间
国家出版基金项目				
1. “一带一路”国家投资并购指南	冯 斌 李洪亮 Gvantsa Dzneladze(格) Tamar Menteshashvili(格)	98.00 元	978-7-5175-0422-1	2020 年 3 月第 1 版
2. “质”造全球:消费品出口质量管控指南	SGS 通标标准技术服务有限公司	80.00 元	978-7-5175-0289-0	2018 年 9 月第 1 版
跟着老外学外贸系列				
1. 优势成交:老外这样做销售(第二版)	Abdelhak Benkerroum(阿道)	58.00 元	978-7-5175-0370-5	2019 年 10 月第 2 版
外贸 SOHO 系列				
1. 外贸创业 1.0——SOHO 轻资产创业	毅 冰	59.00 元	978-7-5175-0490-0	2021 年 1 月第 1 版
2. 外贸 SOHO,你会做吗?	黄见华	30.00 元	978-7-5175-0141-1	2016 年 7 月第 1 版
跨境电商系列				
1. 直面危机:跨境电商创业	朱秋城(Mr. Harris)	59.00 元	978-7-5175-0478-8	2021 年 2 月第 1 版
2. 跨境电商全产业链时代:政策红利下迎机遇期	曹 磊 张周平	55.00 元	978-7-5175-0349-1	2019 年 5 月第 1 版
3. 外贸社交媒体营销新思维:向无效社交说 No	May(石少华)	55.00 元	978-7-5175-0270-8	2018 年 6 月第 1 版
4. 跨境电商多平台运营,你会做吗?	董振国 贾 卓	48.00 元	978-7-5175-0255-5	2018 年 1 月第 1 版
5. 跨境电商 3.0 时代——把握外贸转型时代风口	朱秋城(Mr. Harris)	55.00 元	978-7-5175-0140-4	2016 年 9 月第 1 版
6. 118 问玩转速卖通——跨境电商海外淘金全攻略	红 鱼	38.00 元	978-7-5175-0095-7	2016 年 1 月第 1 版
外贸职场高手系列				
1. 外贸会计上班记(第二版)	谭 天	55.00 元	978-7-5175-0439-9	2020 年 7 月第 2 版
2. 开发:在外贸客户发掘中出奇制胜	蔡译民(Chris)	55.00 元	978-7-5175-0425-2	2020 年 6 月第 1 版
3. MR. HUA 创业手记(纪念版)——从 0 到 1 的“老华”创业思维	华 超	69.00 元	978-7-5175-0430-6	2020 年 6 月第 1 版
4. 新人走进外贸圈 职业角色怎么选	黄 涛	45.00 元	978-7-5175-0387-3	2020 年 1 月第 1 版
5. Ben 教你做采购:金牌外贸业务员也要学	朱子赋(Ben)	58.00 元	978-7-5175-0386-6	2020 年 1 月第 1 版
6. 思维对了,订单就来:颠覆外贸底层逻辑	老 A	58.00 元	978-7-5175-0381-1	2020 年 1 月第 1 版

书名	作者	定价	书号	出版时间
7. 从零开始学外贸	外贸人维尼	58.00 元	978-7-5175-0382-8	2019 年 10 月第 1 版
8. 小资本做大品牌:外贸企业品牌运营	黄仁华	58.00 元	978-7-5175-0372-9	2019 年 10 月第 1 版
9. 金牌外贸企业给新员工的内训课	Lily 主编	55.00 元	978-7-5175-0337-8	2019 年 3 月第 1 版
10. 逆境生存:JAC 写给外贸企业的转型战略	JAC	55.00 元	978-7-5175-0315-6	2018 年 11 月第 1 版
11. 外贸大牛的营与销	丹　牛	48.00 元	978-7-5175-0304-0	2018 年 10 月第 1 版
12. 向外土司学外贸 1:业务可以这样做	外土司	55.00 元	978-7-5175-0248-7	2018 年 2 月第 1 版
13. 向外土司学外贸 2:营销可以这样做	外土司	55.00 元	978-7-5175-0247-0	2018 年 2 月第 1 版
14. 阴阳鱼给外贸新人的必修课	阴阳鱼	45.00 元	978-7-5175-0230-2	2017 年 11 月第 1 版
15. JAC 写给外贸公司老板的企管书	JAC	45.00 元	978-7-5175-0225-8	2017 年 10 月第 1 版
16. 外贸大牛的术与道	丹　牛	38.00 元	978-7-5175-0163-3	2016 年 10 月第 1 版
17. JAC 外贸谈判手记——JAC 和他的外贸故事	JAC	45.00 元	978-7-5175-0136-7	2016 年 8 月第 1 版
18. Mr. Hua 创业手记——从 0 到 1 的“华式”创业思维	华　超	45.00 元	978-7-5175-0089-6	2015 年 10 月第 1 版
19. JAC 外贸工具书——JAC 和他的外贸故事	JAC	45.00 元	978-7-5175-0053-7	2015 年 7 月第 1 版
20. 外贸菜鸟成长记(0 ~ 3 岁)	何嘉美	35.00 元	978-7-5175-0070-4	2015 年 6 月第 1 版

外贸操作实务子系列

书名	作者	定价	书号	出版时间
1. 外贸高手客户成交技巧 3:差异生存法则	毅　冰	69.00 元	978-7-5175-0378-1	2019 年 9 月第 1 版
2. 外贸高手客户成交技巧 2——揭秘买手思维	毅　冰	55.00 元	978-7-5175-0232-6	2018 年 1 月第 1 版
3. 外贸业务经理人手册(第三版)	陈文培	48.00 元	978-7-5175-0200-5	2017 年 6 月第 3 版
4. 外贸全流程攻略——进出口经理跟单手记(第二版)	温伟雄(马克老温)	38.00 元	978-7-5175-0197-8	2017 年 4 月第 2 版
5. 金牌外贸业务员找客户(第三版)——跨境电商时代开发客户的 9 种方法	张劲松	40.00 元	978-7-5175-0098-8	2016 年 1 月第 3 版
6. 实用外贸技巧助你轻松拿订单(第二版)	王陶(波锅涅)	30.00 元	978-7-5175-0072-8	2015 年 7 月第 2 版
7. 出口营销实战(第三版)	黄泰山	45.00 元	978-7-80165-932-3	2013 年 1 月第 3 版
8. 外贸实务疑难解惑 220 例	张浩清	38.00 元	978-7-80165-853-1	2012 年 1 月第 1 版
9. 外贸高手客户成交技巧	毅　冰	35.00 元	978-7-80165-841-8	2012 年 1 月第 1 版
10. 报检七日通	徐荣才　朱瑾瑜	22.00 元	978-7-80165-715-2	2010 年 8 月第 1 版
11. 外贸实用工具手册	本书编委会	32.00 元	978-7-80165-558-5	2009 年 1 月第 1 版
12. 快乐外贸七讲	朱芷萱	22.00 元	978-7-80165-373-4	2009 年 1 月第 1 版
13. 外贸七日通(最新修订版)	黄海涛(深海鱿鱼)	22.00 元	978-7-80165-397-0	2008 年 8 月第 3 版

出口风险管理子系列

书名	作者	定价	书号	出版时间
1. 轻松应对出口法律风险	韩宝庆	39.80 元	978-7-80165-822-7	2011 年 9 月第 1 版

书名	作者	定价	书号	出版时间
2. 出口风险管理实务(第二版)	冯　斌	48.00 元	978-7-80165-725-1	2010 年 4 月第 2 版
3. 50 种出口风险防范	王新华　陈丹凤	35.00 元	978-7-80165-647-6	2009 年 8 月第 1 版

外贸单证操作子系列

1. 跟单信用证一本通(第二版)	何　源	48.00 元	978-7-5175-0249-4	2018 年 9 月第 2 版
2. 外贸单证经理的成长日记(第二版)	曹顺祥	40.00 元	978-7-5175-0130-5	2016 年 6 月第 2 版
3. 信用证审单有问有答 280 例	李一平　徐珺	37.00 元	978-7-80165-761-9	2010 年 8 月第 1 版
4. 外贸单证解惑 280 例	龚玉和　齐朝阳	38.00 元	978-7-80165-638-4	2009 年 7 月第 1 版
5. 信用证 6 小时教程	黄海涛(深海鱿鱼)	25.00 元	978-7-80165-624-7	2009 年 4 月第 2 版
6. 跟单高手教你做跟单	汪　德	32.00 元	978-7-80165-623-0	2009 年 4 月第 1 版

福步外贸高手子系列

1. 外贸技巧与邮件实战(第二版)	刘　云	38.00 元	978-7-5175-0221-0	2017 年 8 月第 2 版
2. 外贸电邮营销实战——小小开发信　订单滚滚来(第二版)	薄如骢	45.00 元	978-7-5175-0126-8	2016 年 5 月第 2 版
3. 巧用外贸邮件拿订单	刘　裕	45.00 元	978-7-80165-966-8	2013 年 8 月第 1 版

国际物流操作子系列

1. 货代高手教你做货代——优秀货代笔记(第二版)	何银星	33.00 元	978-7-5175-0003-2	2014 年 2 月第 2 版
2. 国际物流操作风险防范——技巧·案例分析	孙家庆	32.00 元	978-7-80165-577-6	2009 年 4 月第 1 版

通关实务子系列

1. 外贸企业轻松应对海关估价	熊　斌　赖　芸　王卫宁	35.00 元	978-7-80165-895-1	2012 年 9 月第 1 版
2. 报关实务一本通(第二版)	苏州工业园区海关	35.00 元	978-7-80165-889-0	2012 年 8 月第 2 版
3. 如何通过原产地证尽享关税优惠	南京出入境检验检疫局	50.00 元	978-7-80165-614-8	2009 年 4 月第 3 版

彻底搞懂子系列

1. 彻底搞懂信用证(第三版)	王腾　曹红波	55.00 元	978-7-5175-0264-7	2018 年 5 月第 3 版
2. 彻底搞懂关税(第二版)	孙金彦	43.00 元	978-7-5175-0172-5	2017 年 1 月第 2 版
3. 彻底搞懂提单(第二版)	张敏　张鹏飞	38.00 元	978-7-5175-0164-0	2016 年 12 月第 2 版
4. 彻底搞懂中国自由贸易区优惠	刘德标　祖月	34.00 元	978-7-80165-762-6	2010 年 8 月第 1 版
5. 彻底搞懂贸易术语	陈　岩	33.00 元	978-7-80165-719-0	2010 年 2 月第 1 版
6. 彻底搞懂海运航线	唐丽敏	25.00 元	978-7-80165-644-5	2009 年 7 月第 1 版

外贸英语实战子系列

1. 十天搞定外贸函电(白金版)	毅　冰	69.00 元	978-7-5175-0347-7	2019 年 4 月第 2 版
2. 让外贸邮件说话——读懂客户心理的分析术	蔡泽民(Chris)	38.00 元	978-7-5175-0167-1	2016 年 12 月第 1 版

书名	作者	定价	书号	出版时间
3. 外贸高手的口语秘籍	李　凤	35.00 元	978-7-80165-838-8	2012 年 2 月第 1 版
4. 外贸英语函电实战	梁金水	25.00 元	978-7-80165-705-3	2010 年 1 月第 1 版
5. 外贸英语口语一本通	刘新法	29.00 元	978-7-80165-537-0	2008 年 8 月第 1 版

外贸谈判子系列

1. 外贸英语谈判实战（第二版）	王　慧　仲　颖	38.00 元	978-7-5175-0111-4	2016 年 3 月第 2 版
2. 外贸谈判策略与技巧	赵立民	26.00 元	978-7-80165-645-2	2009 年 7 月第 1 版

国际商务往来子系列

国际商务礼仪大讲堂	李嘉珊	26.00 元	978-7-80165-640-7	2009 年 12 月第 1 版

贸易展会子系列

外贸参展全攻略——如何有效参加 B2B 贸易商展（第三版）	钟景松	38.00 元	978-7-5175-0076-6	2015 年 8 月第 3 版

区域市场开发子系列

中东市场开发实战	刘　军　沈一强	28.00 元	978-7-80165-650-6	2009 年 9 月第 1 版

加工贸易操作子系列

1. 加工贸易实务操作与技巧	熊　斌	35.00 元	978-7-80165-809-8	2011 年 4 月第 1 版
2. 加工贸易达人速成——操作案例与技巧	陈秋霞	28.00 元	978-7-80165-891-3	2012 年 7 月第 1 版

乐税子系列

1. 外贸企业免退税实务——经验 · 技巧分享（第二版）	徐玉树 罗玉芳	55.00 元	978-7-5175-0428-3	2020 年 5 月第 2 版
2. 外贸会计账务处理实务——经验 · 技巧分享	徐玉树	38.00 元	978-7-80165-958-3	2013 年 8 月第 1 版
3. 生产企业免抵退税实务——经验 · 技巧分享（第二版）	徐玉树	42.00 元	978-7-80165-936-1	2013 年 2 月第 2 版
4. 外贸企业出口退（免）税常见错误解析 100 例	周朝勇	49.80 元	978-7-80165-933-0	2013 年 2 月第 1 版
5. 生产企业出口退（免）税常见错误解析 115 例	周朝勇	49.80 元	978-7-80165-901-9	2013 年 1 月第 1 版
6. 外汇核销指南	陈文培等	22.00 元	978-7-80165-824-1	2011 年 8 月第 1 版
7. 外贸企业出口退税操作手册	中国出口退税咨询网	42.00 元	978-7-80165-818-0	2011 年 5 月第 1 版
8. 生产企业免抵退税从入门到精通	中国出口退税咨询网	98.00 元	978-7-80165-695-7	2010 年 1 月第 1 版
9. 出口涉税会计实务精要（《外贸会计实务精要》第二版）	龙博客工作室	32.00 元	978-7-80165-660-5	2009 年 9 月第 2 版

书名	作者	定价	书号	出版时间

专业报告子系列

书名	作者	定价	书号	出版时间
1. 国际工程风险管理	张 燎	1980.00 元	978-7-80165-708-4	2010 年 1 月第 1 版
2. 涉外型企业海关事务风险管理报告	《涉外型企业海关事务风险管理报告》研究小组	1980.00 元	978-7-80165-666-7	2009 年 10 月第 1 版

外贸企业管理子系列

书名	作者	定价	书号	出版时间
1. 外贸经理人的 MBA	毅 冰	55.00 元	978-7-5175-0305-7	2018 年 10 月第 1 版
2. 小企业做大外贸的制胜法则——职业外贸经理人带队伍手记	胡伟锋	35.00 元	978-7-5175-0071-1	2015 年 7 月第 1 版
3. 小企业做大外贸的四项修炼	胡伟锋	26.00 元	978-7-80165-673-5	2010 年 1 月第 1 版

国际贸易金融子系列

书名	作者	定价	书号	出版时间
1. 国际结算单证热点疑义相与析	天九湾贸易金融研究汇	55.00 元	978-7-5175-0292-0	2018 年 9 月第 1 版
2. 国际结算与贸易融资实务（第二版）	李华根	55.00 元	978-7-5175-0252-4	2018 年 3 月第 1 版
3. 信用证风险防范与纠纷处理技巧	李道金	45.00 元	978-7-5175-0079-7	2015 年 10 月第 1 版
4. 国际贸易金融服务全程通（第二版）	郭党怀 张丽君 张贝	43.00 元	978-7-80165-864-7	2012 年 1 月第 2 版
5. 国际结算与贸易融资实务	李华根	42.00 元	978-7-80165-847-0	2011 年 12 月第 1 版

毅冰谈外贸子系列

书名	作者	定价	书号	出版时间
毅冰私房英语书——七天秀出外贸口语	毅 冰	35.00 元	978-7-80165-965-1	2013 年 9 月第 1 版

“创新型”跨境电商实训教材

书名	作者	定价	书号	出版时间
跨境电子商务概论与实践	冯晓宁	48.00 元	978-7-5175-0313-2	2019 年 1 月第 1 版

“实用型”报关与国际货运专业教材

书名	作者	定价	书号	出版时间
1. 国际货运代理操作实务（第二版）	杨鹏强	48.00 元	978-7-5175-0364-4	2019 年 8 月第 2 版
2. 集装箱班轮运输与管理实务	林益松	48.00 元	978-7-5175-0339-2	2019 年 3 月第 1 版
3. 航空货运代理实务（第二版）	杨鹏强	55.00 元	978-7-5175-0336-1	2019 年 1 月第 2 版
4. 进出口商品归类实务（第三版）	林 青	48.00 元	978-7-5175-0251-7	2018 年 3 月第 3 版
5. e 时代报关实务	王 云	40.00 元	978-7-5175-0142-8	2016 年 6 月第 1 版
6. 供应链管理实务	张远昌	48.00 元	978-7-5175-0051-3	2015 年 4 月第 1 版

书名	作者	定价	书号	出版时间
7. 电子口岸实务(第二版)	林　青	35.00 元	978-7-5175-0027-8	2014 年 6 月第 2 版
8. 报检实务(第二版)	孔德民	38.00 元	978-7-80165-999-6	2014 年 3 月第 2 版
9. 现代关税实务(第二版)	李　齐	35.00 元	978-7-80165-862-3	2012 年 1 月第 2 版
10. 国际贸易单证实务(第二版)	丁行政	45.00 元	978-7-80165-855-5	2012 年 1 月第 2 版
11. 报关实务(第三版)	杨鹏强	45.00 元	978-7-80165-825-8	2011 年 9 月第 3 版
12. 海关概论(第二版)	王意家	36.00 元	978-7-80165-805-0	2011 年 4 月第 2 版

“精讲型”国际贸易核心课程教材

1. 国际贸易实务精讲(第七版)	田运银	49.50 元	978-7-5175-0260-9	2018 年 4 月第 7 版
2. 国际货运代理实务精讲(第二版)	杨占林　汤　兴　官敏发	48.00 元	978-7-5175-0147-3	2016 年 8 月第 2 版
3. 海关法教程(第三版)	刘达芳	45.00 元	978-7-5175-0113-8	2016 年 4 月第 3 版
4. 国际电子商务实务精讲(第二版)	冯晓宁	45.00 元	978-7-5175-0092-6	2016 年 3 月第 2 版
5. 国际贸易单证精讲(第四版)	田运银	45.00 元	978-7-5175-0058-2	2015 年 6 月第 4 版
6. 国际贸易操作实训精讲(第二版)	田运银　胡少甫　史　理　朱东红	48.00 元	978-7-5175-0052-0	2015 年 2 月第 2 版
7. 进出口商品归类实务精讲	倪淑如　倪　波　田运银	48.00 元	978-7-5175-0016-2	2014 年 7 月第 1 版
8. 外贸单证实训精讲	龚玉和　齐朝阳	42.00 元	978-7-80165-937-8	2013 年 4 月第 1 版
9. 外贸英语函电实务精讲	傅龙海	42.00 元	978-7-80165-935-4	2013 年 2 月第 1 版
10. 国际结算实务精讲	庄乐梅　李　菁	49.80 元	978-7-80165-929-3	2013 年 1 月第 1 版
11. 报关实务精讲	孔德民	48.00 元	978-7-80165-886-9	2012 年 6 月第 1 版
12. 国际商务谈判实务精讲	王　慧　唐力忻	26.00 元	978-7-80165-826-5	2011 年 9 月第 1 版
13. 国际会展实务精讲	王重和	38.00 元	978-7-80165-807-4	2011 年 5 月第 1 版
14. 国际贸易实务疑难解答	田运银	20.00 元	978-7-80165-718-3	2010 年 9 月第 1 版

“实用型”国际贸易课程教材

1. 进出口商品归类教程	李锐文　林坚弟	60.00 元	978-7-5175-0518-1	2021 年 9 月第 1 版
2. 外贸跟单实务(第二版)	罗　艳	48.00 元	978-7-5175-0338-5	2019 年 1 月第 2 版
3. 海关报关实务	倪淑如　倪　波	48.00 元	978-7-5175-0150-3	2016 年 9 月第 1 版
4. 国际金融实务	李　齐　唐晓林	48.00 元	978-7-5175-0134-3	2016 年 6 月第 1 版
5. 国际贸易实务	丁行政　罗　艳	48.00 元	978-7-80165-962-0	2013 年 8 月第 1 版

中小企业财会实务操作系列丛书

1. 做顶尖成本会计应知应会 150 问(第二版)	张　胜	48.00 元	978-7-5175-0275-3	2018 年 6 月第 2 版
2. 小企业会计疑难解惑 300 例	刘　华　刘方周	39.80 元	978-7-80165-845-6	2012 年 1 月第 1 版
3. 会计实务操作一本通	吴虹雁	35.00 元	978-7-80165-751-0	2010 年 8 月第 1 版